Volksgewehre

Die Langwaffen des deutschen Volkssturms

Wolfgang Peter-Michel

Die Sinnlosigkeit von Kriegen zeigt sich am deutlichsten in ihren Hinterlassenschaften.

Bibliografische Information der Deutschen Nationalbibliothek:
Die Deutsche Nationalbibliothek verzeichnet diese Publikation in der Deutschen Nationalbibliografie; detaillierte bibliografische Daten sind im Internet über http://dnb.d-nb.de abrufbar.

Volksgewehre
1. Auflage, korrigierter Nachdruck
ISBN: 978-3-7431-5333-2
© 2017 by Wolfgang Peter-Michel
Herstellung und Verlag: BoD - Books on Demand, Norderstedt

Inhalt

Einleitung _____ 7

Der Deutsche Volkssturm und seine Bewaffnung _____ 15

Volksgewehr VG-1 _____ 27

Volksgewehr VG-2 _____ 55

Volksgewehr VG-3 _____ 77

Volksgewehr VG-4 _____ 83

Volksgewehr VG-5 _____ 89

Volksmaschinenpistole (Gustloff) _____ 109

Gerät Potsdam _____ 129

Gerät Neumünster _____ 137

Maschinengewehre _____ 143

Die Realität: Beutewaffen statt Volksgewehre _____ 151

Fazit _____ 167

Anhang _____ 174

Literatur _____ 216

Einleitung

Im Verlauf des Jahres 1944 zeigte sich immer deutlicher, dass das deutsche Reich den von ihm selbst begonnenen Zweiten Weltkrieg unweigerlich verlieren musste. Am 6. Juni waren britische, amerikanische und kanadische Truppen in der Normandie gelandet und stießen rasch durch Frankreich und die Benelux-Länder in Richtung Rhein vor. Im Osten hatte die Sowjetunion die Wehrmacht bis nach Polen und auf den Balkan zurückgedrängt und schickte sich an, die Reichsgrenze zu überqueren. An allen Fronten hatte die einst mächtige Luftwaffe die Überlegenheit am Himmel schon lange verloren und konnte weder die eigenen Truppen, noch die deutschen Städte, Verkehrsnetze und Industriezentren vor Bombardierungen schützen.

Durch die weitreichenden Zerstörungen ging der Ausstoß der deutschen Industrie immer weiter zurück und die Wehrmacht musste einen wachsenden Mangel an elementaren Ausrüstungsgegenständen wie Waffen oder Munition beklagen.

In einem verzweifelten Versuch, die vorrückenden Alliierten aufzuhalten, beschloss die deutsche Führung, eine Volksmiliz aufzustellen. Diese sollte aus allen Männern im Alter von 16 bis 60 bestehen, die bis zu diesem Zeitpunkt aus gesundheitlichen Gründen oder aufgrund ihrer kriegswichtigen Unabkömmlichkeit von der militärischen Dienstpflicht befreit gewesen waren.

Und so erging am 25. September der im Folgenden wiedergegebene Erlass Adolf Hitlers, in dem er die Aufstellung des deutschen Volkssturms befahl.

(Links) Abb. 1: Mit Plakaten wie diesem versuchte die Parteiführung, die wehrfähigen Männer zwischen 16 und 60 Jahren für den Dienst im deutschen Volkssturm zu motivieren. Herausgeber war die Reichspropagandaleitung.

Erlass des Führers
über die Bildung des deutschen Volkssturms

Nach 5 jährigem schwersten Kampf steht infolge des Versagens aller unserer europäischen Verbündeten der Feind an einigen Fronten in der Nähe oder an den deutschen Grenzen. Er strengt seine Kräfte an, um unser Reich zu zerschlagen, das deutsche Volk und seine soziale Ordnung zu vernichten, sein letztes Ziel ist die Ausrottung des deutschen Menschen.

Wie im Herbst 1939 stehen wir nun wieder ganz allein der Front unserer Feinde gegenüber. In wenigen Jahren war es uns damals gelungen, durch den ersten Großeinsatz unserer deutschen Volkskraft die wichtigsten militärischen Probleme zu lösen, den Bestand des Reiches und damit Europas für Jahre hindurch zu sichern. Während nun der Gegner glaubte, zum letzten Schlag ausholen zu können, sind wir entschlossen, den zweiten Großeinsatz unseres Volkes zu vollziehen.
Es muß und wird uns gelingen, wie in den Jahren 1939—41 ausschließlich auf unsere eigene Kraft bauend, nicht nur den Vernichtungswillen der Feinde zu brechen, sondern sie wieder zurückzuwerfen und so lange vom Reich abzuhalten, bis ein die Zukunft Deutschlands, seiner Verbündeten und damit Europa sichernder Friede gewährleistet ist.

Dem uns bekannten totalen Vernichtungswillen unserer jüdisch-internationalen Feinde setzen wir den totalen Einsatz aller deutschen Menschen entgegen.

Zur Verstärkung der aktiven Kräfte unserer Wehrmacht und insbesondere zur Führung eines unerbittlichen Kampfes überall dort, wo der Feind den deutschen Boden betreten will, rufe ich daher alle waffenfähigen deutschen Männer zum Kampfeinsatz auf. Ich befehle:

1.) Es ist in den Gauen des großdeutschen Reiches aus allen waffenfähigen Männern im Alter von 16 bis 60 Jahren der Deutsche Volkssturm zu bilden. Er wird den Heimatboden mit allen Waffen und Mitteln verteidigen, soweit sie dafür geeignet erscheinen.

2.) Die Aufstellung und Führung des Deutschen Volkssturmes übernehmen in ihren Gauen die Gauleiter. Sie bedienen sich dabei vor allem der fähigsten Organisatoren und Führer der bewährten Einrichtungen der Partei, SA, ᛋᛋ, des NSKK und der HJ.

3.) Ich ernenne den Stabschef der SA Schepmann zum Inspekteur für die Schießausbildung und den Korpsführer NSKK Kraus zum Inspekteur für die motortechnische Ausbildung des Deutschen Volkssturms.

4.) Die Angehörigen des Deutschen Volkssturms sind während des Einsatzes Soldaten im Sinne des Wehrgesetzes.

5.) Die Zugehörigkeit der Angehörigen des Deutschen Volkssturmes zu außerberuflichen Organisationen bleibt unberührt. Der Dienst im Deutschen Volkssturm geht aber jedem Dienst in anderen Organisationen vor.

6.) Der Reichsführer ᛋᛋ ist als Befehlshaber des Ersatzheeres verantwortlich für die militärischen Organisationen, die Ausbildung, Bewaffnung und Ausrüstung des Deutschen Volkssturmes.

7.) Der Kampfeinsatz des Deutschen Volkssturmes erfolgt nach meinen Weisungen durch den Reichsführer ᛋᛋ als Befehlshaber des Ersatzheeres.

8.) Die militärischen Ausführungsbestimmungen erläßt als Befehlshaber des Ersatzheeres Reichsführer ᛋᛋ Himmler, die politischen und organisatorischen in meinem Auftrage Reichsleiter Bormann.

9. Die nationalsozialistische Partei erfüllt vor dem deutschen Volk ihre höchste Ehrenpflicht, indem sie in erster Linie ihre Organisationen als Hauptträger dieses Kampfes einsetzt.

Führerhauptquartier, den 25. September 1944   gez. **Adolf Hitler**

Erlass des Führers
über die Bildung des deutschen Volkssturms

Nach fünfjährigem schwersten Kampf steht infolge des Versagens aller unserer europäischen Verbündeten der Feind an einigen Fronten in der Nähe oder an den deutschen Grenzen. Er strengt seine Kräfte an, um unser Reich zu zerschlagen, das deutsche Volk und seine soziale Ordnung zu vernichten. Sein letztes Ziel ist die Ausrottung des deutschen Menschen.

Wie im Herbst 1939 stehen wir nun wieder ganz allein der Front unserer Feinde gegenüber. In wenigen Jahren war es uns damals gelungen, durch den ersten Großeinsatz unserer deutschen Volkskraft die wichtigsten militärischen Probleme zu lösen, den Bestand des Reiches und damit Europas für Jahre hindurch zu sichern. Während nun der Gegner glaubt, zum letzten Schlag ausholen zu können, sind wir entschlossen, den zweiten Großeinsatz unseres Volkes zu vollziehen. Es muß und es wird uns gelingen, wie in den Jahren 1939 bis 1941 ausschließlich auf unsere eigene Kraft bauend, nicht nur den Vernichtungswillen der Feinde zu brechen, sondern ihn wieder zurückzuwerfen und so lange vom Reich abzuhalten, bis ein die Zukunft Deutschlands, seiner Verbündeten und damit Europas sichernder Friede gewährleistet ist.

Dem uns bekannten totalen Vernichtungswillen unserer jüdisch-internationalen Feinde setzen wir den totalen Einsatz aller deutschen Menschen entgegen.

Zur Verstärkung der aktiven Kräfte unserer Wehrmacht und insbesondere zur Führung eines unerbittlichen Kampfes überall dort, wo der Feind den deutschen Boden betreten will, rufe ich daher allen waffenfähigen deutschen Männer zum Kampfeinsatz auf. Ich befehle:

1.) Es ist in den Gauen des Großdeutschen Reiches aus allen waffenfähigen Männern im Alter von 16 bis 60 Jahren der deutsche Volkssturm zu bilden. Er wird den Heimatboden mit allen Waffen und Mitteln verteidigen, soweit sie dafür geeignet erscheinen.

5.) Die Zugehörigkeit der Angehörigen des Volkssturms zu außerberuflichen Organisationen bleibt unberührt. Der Dienst im deutschen Volkssturm geht aber jedem Dienst in anderen Organisationen vor.

2.) Die Aufstellung und Führung des deutschen Volkssturms übernehmen in ihren Gauen die Gauleiter. Sie bedienen sich dabei vor allem der fähigsten Organisatoren und Führer der bewährten Einrichtungen der Partei, SA, SS, des NSKK und der HJ.

3.) Ich ernenne den Stabschef der SA, Schepmann, zum Inspekteur für die Schießausbildung und den Korpsführer der NSKK, Kraus, zum Inspekteur für die motortechnische Ausbldung des Volkssturms.

4.) Die Angehörigen des deutschen Volkssturms sind während ihres Einsatzes Soldaten im Sinne des Wehrgesetzes.

6.) Der Reichsführer SS ist als Befehlshaber des Ersatzheeres verantwortlich für die militärischen Organisationen, die Ausbildung, Bewaffnung und Ausrüstung des deutschen Volkssturms.

7.) Der Kampfeinsatz des deutschen Volkssturms erfolgt nach meinen Weisungen durch den Reichsführer SS als Befehlshaber des Ersatzheeres.

8.) Die militärischen Ausführungsbestimmungen erläßt als Befehlshaber des Ersatzheeres der Reichsführer SS Himmler, die politischen und organisatorischen in meinem Auftrage Reichsleiter Bormann.

9.) Die Nationalsozialistische Partei erfüllt vor dem deutschen Volk ihre höchste Ehrenpflicht, indem sie in erster Linie ihre Organisationen als Hauptträger dieses Kampfes einsetzt.

Führerhauptquartier, den 25. September 1944   gez. Adolf Hitler[1]

---

[1] Hofer 1977, S. 252f

Der Name „Volkssturm" leitete sich vermutlich vom „Preußischen Landsturm" ab. Dieser war am 21. April 1813 aufgestellt worden, um als letztes Aufgebot gegen Napoleons Grande Armee anzutreten. Da diese Truppe jedoch fast ausschließlich aus Jugendlichen und kriegsuntauglichen alten Männern bestand, wurde sie nur formal aufgestellt und kam nie zum Einsatz.

Der 1944 gegründete Volkssturm unterschied sich von den dafür bereitstehenden Altersgruppen zwar nicht wesentlich, sollte jedoch nach dem Willen der Parteiführung sehr wohl zum Einsatz kommen. Statt die Miliz nämlich unter die Kontrolle der Wehrmacht zu geben, war sie eine der NSDAP unterstellte Organisation, deren Kontrolle zunächst SS-Reichsführer Heinrich Himmler oblag. Grund dafür war höchstwahrscheinlich das vorangegangene Stauffenberg-Attentat, bei dem im Rahmen des sogenannten „Walküre-Planes" das Ersatzheer strategische Positionen im Reich hätte besetzen und so die Bestrebungen der Putschisten unterstützen sollen.

Abb. 2 und 3: Verschiedene Varianten der Volkssturmarmbinde. Sie waren regional sehr unterschiedlich gestaltet und in manchen Gebieten überhaupt nicht verfügbar. Durch sie sollten die Angehörigen der Volksmiliz, falls sie nicht in Uniform, sondern in Zivilkleidung kämpften, im völkerrechtlichen Sinne als Kombattanten gekennzeichnet werden.

Dadurch stand das Verhältnis des Volkssturms zur Wehrmacht von vornherein unter einem schlechten Stern. Denn die Generäle hatten schon seit Jahren mit der Parteiführung in einem Wettstreit um die Gunst Hitlers gelegen. Und die Aufstellung eines mehrere Hunderttausend Mann starken Volksheeres bedeutete vor allen Dingen eines, nämlich dass große Mengen militärischer Ausrüstung benötigt wurden. Und die Wehrmacht litt, wie bereits gezeigt wurde, zu diesem Zeitpunkt bereits unter dramatischen Versorgungsengpässen. Somit war die Bereitschaft der Obersten Heeresleitung, bei der Aufstellung des Volkssturms zu helfen, äußerst gering.

Da zur militärischen Ausbildung der Zivilisten nur wenige Wochen oder Monate zur Verfügung standen, war von vornherein klar, dass diese nicht in der Bedienung von schwerem Gerät wie Panzern oder Artillerie unterwiesen werden konnten. Zumal diese Waffen ohnehin nicht zur Verfügung standen. Somit lag der Schwerpunkt der Bemühungen auf der Versorgung mit leichter Infanteriebewaffnung, und zwar in erster Linie Gewehren. Hierbei mag auch ein psychologischer Faktor eine Rolle gespielt haben, denn der von der Parteiführung ausgerufene Slogan: „Volk ans Gewehr!" hatte mit der militärischen Realität nicht viel zu tun. Schließlich hatte eine ausschließlich mit Gewehren und einfachen Mitteln zur Panzernahbekämpfung ausgestattete Gruppe von Zivilisten wenig Chancen, die erfahrenen Armeen Pattons oder Schukows aufzuhalten. Doch den militärisch unerfahrenen Menschen mag der Besitz einer persönlichen Schusswaffe ein wenig Siegesgewissheit suggeriert haben.

Da schon für die regulären Soldaten der Wehrmacht zu wenig Karabiner vorhanden waren, suchte die Parteiführung nach Möglichkeiten, die neu geschaffenen Kombattanten zu bewaffnen. Bald kam der Gedanke auf, eine Einfachwaffe zu schaffen, die zumindest so lange ihren Zweck erfüllte, bis die unmittelbare Gefahr von den Reichsgrenzen abgewendet war. Damit war das Projekt „Volksgewehr" ins Leben gerufen und alsbald wurde die deutsche Industrie per Führererlass aufgerufen, mit der Entwicklung eines solchen zu beginnen.

In ihrer Methodik und Größenordnung stellt diese Notbewaffnung eines Volksheeres eine waffentechnische Besonderheit dar und soll daher Thema dieses Buches sein.

Abb. 4: Meldestelle des Deutschen Volkssturms. Hier wird die Identität der Einberufenen kontrolliert und Personaldokumente ausgehändigt. Quelle: Narodowe Archiwum Cyfrowe, Warschau - Nr. 2-13113.

Abb. 5: In erster Linie mit Gewehren und Panzerfäusten bewaffnet sollte der Volkssturm die russischen und amerikanischen Panzerarmeen stoppen.

Der Deutsche Volkssturm und seine Bewaffnung

Die Bewaffnung der Angehörigen des Volkssturms orientierte sich in erster Linie an den ihnen zugedachten Aufgaben. Dazu gehörte die Unterstützung der Wehrmacht bei Bau- und Schanzarbeiten, Sicherungsaufgaben und der Verteidigung von Ortschaften, zumeist in unmittelbarer Heimatgegend. Dafür wurden Handfeuerwaffen, Panzerfäuste und Handgranaten als zunächst ausreichend angesehen. Zur Unterweisung der Zivilisten in der Verwendung von komplizierteren Waffensystemen wie Panzern oder Geschützen stand gegen Ende 1944 ohnehin nicht mehr genug Zeit zur Verfügung.[2]

Die Versorgung mit Waffen, wie auch die komplette militärische Organisation, die Ausbildung sowie die Verpflegung und Ausrüstung oblag dem Ersatzheer, das dem Reichsführer SS und Chef der Heeresrüstung Heinrich Himmler unterstand. Der Leiter der Parteikanzlei der NSDAP, Martin Bormann, hatte die Befugnis, die politischen und organisatorischen Ausführungsbestimmungen zu erlassen.

Er verfügte, dass der Volkssturm, als Parteiorganisation, nach NSDAP-Ortsgruppen und Kreisgruppen gegliedert in Kompanien und Bataillone aufgestellt wurde, und gab Bestimmungen über Ausrüstung und Kennzeichnung der Volkssturmmänner heraus. Die Aufstellung und Führung der Volkssturmbataillone legte er damit in die Hände der Gauleiter, die dazu die lokalen Organisationen der NSDAP, der SA, der SS, des NSKK und der HJ heranziehen sollten.[3]

Rund sechs Millionen Männer wurden daraufhin von den Gauen als volkssturmpflichtig gemeldet. Den Erfordernissen der Kriegswirtschaft sowie den Unterschieden in Alter und Tauglichkeit Rechnung tragend, wurden diese in vier sogenannte Aufgebote eingeteilt.

---

[2] Vgl. Seidler 1999, S. 136 ff
[3] Vgl. Kissel 1962, S. 37

Das Aufgebot I umfasste alle tauglichen und waffenfähigen Männer der Jahrgänge 1884 bis 1924 – rund 1,2 Millionen. Die meisten davon waren bereits über 50 Jahre alt und hatten zum Teil im Ersten Weltkrieg gedient. Sie konnten bis zu sechs Wochen ununterbrochen einberufen und auch außerhalb ihres Heimatortes eingesetzt werden.

Das Aufgebot II erstreckte sich auf etwa 2,8 Millionen Männer im Alter von 25 bis 50 Jahren, die aufgrund ihres als kriegswichtig erachteten Berufes bislang unabkömmlich („uk") gestellt worden waren. Diese Einheiten sollten nur kurzzeitig und in unmittelbarer Heimatnähe eingesetzt werden, um die Rüstungsproduktionen nicht oder nur geringfügig zu schwächen.

Das Aufgebot III bildeten die Jahrgänge 1925 bis 1928 mit einer Gesamtzahl von 600.000 Männern. Die zu diesem Zeitpunkt 16-jährigen Heranwachsenden des Jahrgangs 1928 sollten zunächst nicht eingezogen, sondern im Rahmen ihres Dienstes in der HJ und dem Reichsarbeitsdienst (RAD) bis zum 31. März 1945 militärisch ausgebildet werden. Bei den älteren Jahrgängen dieses Aufgebots war dies bereits erfolgt, weshalb sie sofort eingezogen werden konnten.

Das Aufgebot IV schließlich fasste die übrigen rund 1,4 Millionen, bislang als nicht kriegsverwendungsfähig eingestuften Männer zusammen. Diese sollten primär Wach- und Sicherungsaufgaben erfüllen.

Zunächst wurden jedoch fast im gesamten Reichsgebiet nur die ersten beiden Aufgebote erfasst und aufgestellt. Allerdings erweiterte eine Verordnung Wilhelm Keitels vom 5. März 1945 die Wehrpflicht im Volkssturm grundsätzlich auch auf die männlichen Angehörigen des Jahrgangs 1929 – dies deutet darauf hin, dass das dritte Aufgebot zumindest in Teilen noch einberufen wurde. Viele junge Männer der Jahrgänge 1925 bis 1928, die fast vollständig unter nationalsozialistischer Herrschaft erzogen worden waren, hatten sich ohnehin bereits freiwillig zum Dienst an der Waffe gemeldet.[4]

Wie viele Männer tatsächlich im Volkssturm zum Einsatz gekommen sind, ist heute nicht mehr feststellbar. Nach Schätzung des Generalmajors Hans Kissel, seinerseits Chef des Führungsstabes Deutscher Volkssturm, kamen rund 700 Volkssturm-Bataillone zu einem Einsatz mit Feindberührung.[5]

---

4 Vgl. Seidler 1999, S. 81ff
5 Vgl. Kissel 1962, S. 86

Ad-hoc-Bedarf: 1,3 Millionen Gewehre

Von den rund vier Millionen Männern des ersten und zweiten Aufgebots, die zunächst aufgestellt werden sollten, waren viele aufgrund kriegswichtiger Tätigkeiten dann doch nicht abkömmlich. Andere, besonders Angehörige der älteren Jahrgänge, waren aus gesundheitlichen Gründen nicht einsatzfähig. Dennoch wurde alsbald klar, dass die ersten beiden Aufgebote allein in den unmittelbar feindbedrohten Gauen an den Reichsgrenzen rund 1,3 Millionen Gewehre benötigen würden. Verfügbar waren in den Arsenalen der Parteiorganisationen jedoch nur 18.575 Stück. Bei den Maschinengewehren war die Lage ebenso dramatisch – hier waren lediglich 181 Stück verfügbar, während das Soll bei rund 75.000 Exemplaren gelegen hätte.

Die Herkunft selbst dieser geringen Stückzahlen in Parteiarsenalen ist ungeklärt. Zwar hatte die NSDAP noch in den 1930er-Jahren von der Wehrmacht den „Friedensbedarf" erhalten:

46.000 Pistolen
3.000 Handgranaten
500 Gewehre
150 lMG sowie
6 Panzerabwehrkanonen

Wie die Partei bereits wenige Jahre später ihr Arsenal um weitere rund 18.000 Gewehre und immerhin 31 zusätzliche Maschinengewehre erweitern konnte, ist heute nicht mehr sicher zu klären. Für den 2. Oktober 1944 ist allerdings dokumentiert, dass Gauleiter Koch in Ostpreußen alle Waffen in Parteibesitz für den Zweck des Volkssturmeinsatzes erfassen ließ. Damit verbunden durften Einsatzführer alle in Privatbesitz befindlichen Waffen beschlagnahmen. Dieses Dekret wurde dem Vernehmen nach von manchen Parteioberen dahingehend ausgelegt, dass auch Bestände der Waffenfabriken geplündert wurden.[6]

Bereits im September hatte sich bei den Wehrmachtsoberen die Vermutung breitgemacht, dass die NSDAP von den 200.000 in diesem Monat gefertigten Karabiner 98k rund 35.000 Stück abgezweigt haben könnte – eine direkte Folge des Führererlasses vom 25. September 1944? Zum 23. November 1944 schließlich befahl der Reichsschatzmeister die Abgabe aller parteieigenen Waffen an den Volkssturm.

---
[6] Vgl. Seidler 1999, S. 193

Im Gegensatz zu den Handfeuerwaffen war die Versorgung der Volkssturm-Bataillone mit Panzerfäusten einigermaßen gewährleistet. In vielen Fällen wurden die frisch eingezogenen Zivilisten auch sogleich an der panzerbrechenden Waffe ausgebildet.

Dabei handelte es sich um ein einfaches Werferrohr nach dem Funktionsprinzip eines rückstoßfreien Geschützes. An dessen Oberseite befand sich eine einfache aufklappbare Zielvorrichtung und der darin enthaltene Abzug. Das über 3 kg schwere Hohlladungsgeschoss enthielt rund 1,6 kg Sprengstoff. Drei Ausführungen sind in die Hände der Volkssturmmänner gelangt: So die Panzerfaust 30 („30" = 30 Meter Reichweite), die Panzerfaust 60 sowie die Panzerfaust 100. Ein weiteres Modell, die Panzerfaust 150 mit 150 Metern Reichweite, wurde erst ab Februar 1945 in der vergleichsweise geringen Stückzahl von etwa 100.000 hergestellt. Sie wurde bevorzugt an die Wehrmacht geliefert und dürfte den Volkssturm nicht erreicht haben. 1945 wurden noch rund zwei Millionen der verschiedenen Panzerfäuste hergestellt und an die Wehrmacht sowie den Volkssturm ausgegeben. Insgesamt wurden 6,7 Millionen Stück produziert.

In der Praxis stellte sich jedoch heraus, dass die Panzerfaust besonders älteren Rekruten ohne militärische Vorkenntnisse oft Angst einjagte, die einen erfolgreichen Einsatz durch diese Männer infrage stellte. Die Verantwortlichen erkannten alsbald, dass auch aus psychologischen Gründen, zur Erhaltung oder überhaupt zum Aufbau einer Kampfmoral, jeder Mann ein Gewehr erhalten musste.

Abb. 6: Die Panzerfaust 60 – sie konnte auf Entfernungen bis 60 Meter sinnvoll eingesetzt werden. Der Volkssturm erhielt sie in großen Stückzahlen.

Abb. 7 und 8: Rechts und auf der folgenden Seite ist die Bedienungsanleitung wiedergegeben, die jeder Kiste Panzerfäuste beigelegt war. Da die Ausbildung an der Waffe bei der Volksmiliz nicht selten an nur einem einzigen Tag erfolgte, war dieses Faltblatt für die Zivilisten eine wichtige Orientierungshilfe.

Was jeder Soldat von der Panzerfaust wissen muß

Vorn ist der Kopf. Er enthält eine H-Ladung, die jeden zur Zeit bekannten Feindpanzer durchschlägt, auch an der dicksten Stelle. Hinten ist das Rohr mit einer Treibladung, die den Kopf losschießt. **Achtung!** Durch die Treibladung ist das Rohr immer geladen, auch wenn der Kopf abgenommen ist.

Scharfmachen
Vor dem Gefecht scharf machen. Kopf nach Hochheben der Blattfeder herausziehen und Rohr vorsichtig beiseitelegen. Kopf senkrecht halten, Zündladung 34 (Abdeckblättchen aus Papier nach oben), dann Zünder (Zündhütchen nach unten) einsetzen. **Merke:** Wie bei der Stielhandgranate Loch auf Loch! Rohr wieder aufschieben, bis Blattfeder einschnappt.

Die **Panzerfaust 100 m**, die bald kommt, ist schon in der Heimat s c h a r f gemacht worden. Der Kopf wird also n i c h t mehr abgenommen.

Zielen
Auge, Kimme der Visieröffnung für die jeweilige Entfernung (30, 60, 80 m), Korn am Geschoßkopf und Ziel müssen eine Linie bilden (genau wie Kimme und Korn beim Gewehr). Am besten hältst du auf Mitte Panzer (Unterkante Turm). Im übrigen beachte: Bergauf, g e g e n Wind — höherhalten; bergab, m i t Wind — tieferhalten. Damit du auch bei s c h l e c h t e r Beleuchtung schießen kannst, sind Kimme und Korn mit Leuchtfarbe bestrichen. Die **Panzerfaust 100 m** hat die Visiermarken 50 m, 100 m und 150 m.

Kiste mit

Volksgewehre

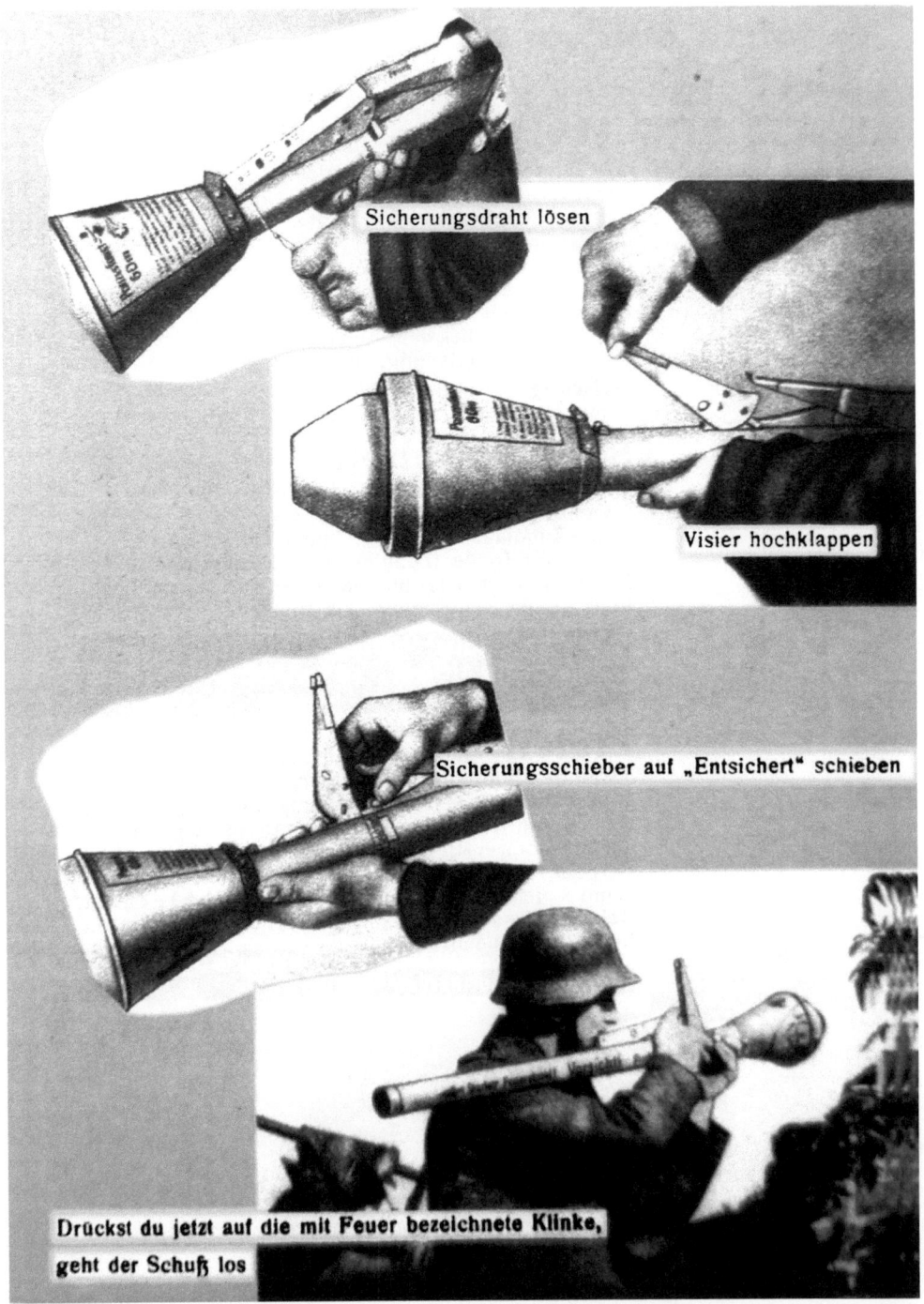

Volksgewehr und Volksmaschinenpistole
Doch reichten die vorhandenen Bestände bei Weitem nicht aus, um auch nur einen Bruchteil aller Volkssturmmänner zu bewaffnen. Schon die einheitliche Uniformierung der Volkssturmeinheiten stellte sich als unmöglich heraus. Die Männer gingen in der Praxis in Fantasieuniformen an die Front, so waren die Farben der Reichsbahn ebenso vertreten wie umgefärbte Partei- oder HJ-Uniformen, alte Uniformen des kaiserlichen Heeres sowie, wohl an erster Stelle, zivile Anzüge. Eine Armbinde mit der Aufschrift „Deutscher Volkssturm – Wehrmacht" sollte die Volkssturmmänner völkerrechtlich als Kombattanten kenntlich machen, auch wenn sie in Parteiuniformen oder Zivilkleidung kämpften. Gegen Kriegsende waren jedoch auch diese oft nicht in ausreichender Menge verfügbar.[7]

Der Name „Volkssturm" hatte eigentlich für alle Einheiten von Hitlers letztem Aufgebot verbindlich sein sollen. Ein Beispiel aus der Praxis macht jedoch deutlich, wie stark der Einfluss der jeweiligen Gauleiter auf die Aufstellung der Volksmiliz sein konnte. So veranlasste der Leiter des Reichsgaus Tirol-Vorarlberg, Franz Hofer, dass die Volkssturmbataillone seines Herrschaftsbereichs gauintern die traditionelle Bezeichnung „Standschützen-Bataillone" trugen. In der Folge verschaffte er seinen Männern sogar ein eigenes Ärmelzeichen in Rautenform mit einem Tiroler Adler auf dem Hakenkreuz und der Inschrift „Standschützen-Bataillon".[8]

Diese Eigenmächtigkeiten mancher Gauleiter sollten auch die Bewaffnung der Volkssturmverbände zum Teil stark beeinflussen. Doch lief zunächst ein zentral gesteuertes Programm an. Aufgrund der durch Feindeinwirkung stark angeschlagenen Rüstungsproduktion war nämlich mittlerweile allen Beteiligten klar geworden, dass der vorherrschende Mangel an für den Volkssturm geeigneten Gewehren nur durch Konstruktion und massenhafte Fertigung einer Einfachwaffe behoben werden konnte.

Diese sollte in erster Linie aus Blechprägeteilen bestehen, ohne dass dazu Sparstoffe benötigt oder die Produktion von Wehrmachtswaffen oder -ausrüstung belastet werden sollte. Um dies unter allen Umständen zu vermeiden, gab das OKH am 29. September 1944 mit dem WaPrüf 2/I eine Anfrage an die deutsche Industrie heraus, in der diese aufgefordert wurde, Entwürfe für ein Volksgewehr bis Ende Oktober 1944 einzureichen.

---
[7] Vgl. Kissel 1962, S. 86f
[8] Vgl. Seidler 1999, S. 113

Zwei Tage später, am 1. Oktober 1944, ernannte der Reichsführer SS Heinrich Himmler den Chef des SS-Hauptamts, Obergruppenführer Gottlob Berger, zum „Stabsführer des Deutschen Volkssturms". Somit oblag diesem auch die undankbare Aufgabe, die Miliz zu bewaffnen und auszurüsten. Diese war ihm jedoch im Wesen nicht fremd, denn er war während der Sudetenkrise 1938 der Verbindungsoffizier Himmlers zum Führer der Sudetendeutschen, Konrad Henlein und dem Sudetendeutschen Freikorps gewesen. In dieser Funktion hatte auch die Bewaffnung dieser Paramilitärs zu seinen Aufgaben gehört. Ebenso hatte Himmler ihn nach dem deutschen Angriff auf Polen beordert, den sogenannten „Volksdeutschen Selbstschutz" zu organisieren und zu bewaffnen, eine ebenfalls paramilitärisch orientierte Bürgermiliz.

Also zog Berger den SS-Standartenführer Erich Purucker aus dem Heereswaffenamt als Fachmann in diesen Fragen heran. Dieser hatte im Zivilleben für den Waffenhersteller Deutsche Industrie Werke (D. I. W.) gearbeitet und stand dem Industriekonzern weiterhin nahe – eine Allianz, die dem weiteren Verlauf des zu diesem Zeitpunkt in Entstehung befindlichen Volksgewehr-Projektes ihren Stempel aufdrücken sollte. Berger und Purucker erschienen jedenfalls das vom OKH konzipierte „Volksgewehr" und die „Volksmaschinenpistole", als gangbarer Weg. Um die angeschlagenen Rüstungskonzerne zu entlasten, sollten diese Waffen dezentral von Kleinbetrieben im ganzen Reich gefertigt werden.

Die Mission Gottlob Bergers unterlag enormen Belastungen, da auch die Zusammenarbeit mit den Gauleitern als mächtigen Akteuren im Volkssturm sich als ausgesprochen schwierig erwies. Die Parteioberen wollten vom SS-Hauptamt keine Befehle entgegennehmen und sahen sich nur an die Anordnungen aus der Parteikanzlei gebunden. Nach einigen Machtkämpfen willigte Berger schließlich ein, seine Weisungen mit diesem Gremium abzustimmen.[9]

Trotz dieser administrativen Streitigkeiten konnte Hitler bereits am 5. November 1944, also nur wenige Tage nach dem vom OKH ursprünglich angesetzten Termin, die ersten neun Volksgewehr-Prototypen, die von sieben Unternehmen eingereicht wurden, begutachten und umfangreichen Tests beiwohnen.[10]

Abb. 9: Auf der rechten und der folgenden Seite ist der von Gottlob Berger gezeichnete Entwurf eines Ausbildungsbefehls für den Deutschen Volkssturm wiedergegeben. Dokument aus dem Privatbesitz von Hans-Peter Schmid.

---

[9] Vgl. Seidler 1999, S. 56ff
[10] Vgl. Kissel 1962, S. 37

Der Reichsführer-ᛋᛋ
Befehlshaber des Ersatzheeres
Deutscher Volkssturm
— Stabsführer —

223/44

Entwurf

Betrifft: Ausbildung.

Entwurf zum
=====================
2. Ausbildungsbefehl
=====================

1.) Die Ausbildungsaufgaben ergeben sich aus der möglichen Verwendung des Volkssturms.
Die Kürze der für die Ausbildung verfügbaren Zeit fordert Beschränkung auf das Wesentliche und das Besondere des Volkssturmeinsatzes. Keine allgemeine infanteristische Ausbildung wie beim Rekruten!

2.) <u>E i n s a t z m ö g l i c h k e i t e n :</u>

<u>Gegen:</u> Durchgebrochene Feindtruppen, aufständische Gefangene oder fremdländische Arbeiter, Revolten, feindliche Lufunternehmen bezw. Luftlandetruppen.

<u>Aufgabe:</u> Niederkämpfung schwächerer Feindtruppen und/oder Aufständischer (Zeitgewinn zur Heranbringung regulärer Truppen); Aufhalten des Gegners, Abriegeln, Verzögern des Vormarsches, Schwächung des Gegners.

3.) <u>D e s h a l b   A u s b i l d u n g :</u>

<u>Schwerpunkt:</u> Anlegen und Verteidigen von Sperren jeder Art
a) in Ortschaften,
b) im Gelände
c) Meldewesen
d) Panzernahbekämpfung (dazu Ausbildung an Waffen sowie Gerät und Schiessausbildung)

N u t z u n g   a l l e r   v o r h a n d e n e n   W a f f e n !
==

<u>Dabei weiterhin wichtig:</u>

Spähen und Melden, Orientieren und Lotsen (auch bei Nacht),
Überfall aus dem Hinterhalt,
Stellungsbau,
Herrichten von Stützpunkten,
Verteidigung von Stützpunkten (in Ortschaften und Gelände),
Gegenstoss,
Nachrichtendienst zur eigenen Truppe.

Für Großstadteinheiten:
   Kampf in der Ortschaft/Stadt,
   Nutzung der sich bietenden Hindernisse,
   Sprengung von Brücken, Eisenbahnen,
   Zerstörung von Verkehrsnetzen, Bahn- u. Postanlagen.

4.) G r u n d s ä t z l i c h e s :

   a) Der Kampf geht um jeden Fussbreit Meter dt. Bodens, jedes Haus, jede Sperre, jeden Schützengraben! Verteidigung bis zum letzten Mann! Der Feind muss geschwächt und geschädigt werden, wo und wie immer es möglich ist.

   b) Die Ausbilder - soweit nicht von anderen Truppenteilen zur Ausbildung abgestellt - sind auch die Führer im Kampf vor Ort.

Die Führer tragen die Verantwortung zur Ausführung der ihnen gegebenen Befehle. Jeder Führer, der eine befohlene Stellung aufgibt, hat mit kriegsgerichtlicher Bestrafung zu rechnen.

[Unterschrift]

SS-Obergruppenführer u.
General der Waffen-SS

Abb. 10: Gegen Panzer wie den hier abgebildeten russischen T-34 sollten die Volkssturmangehörigen antreten. Diese Fahrzeuge mit Panzernahbekämpfungsmitteln aufzuhalten, erforderte nicht nur gute Ausrüstung, sondern auch größte Kaltblütigkeit. Vom T-34 wurden während des Zweiten Weltkriegs rund 54.600 Stück gebaut. Somit stand der deutschen Volksmiliz eine gewaltige Übermacht entgegen.

Abb. 11: Das Volksgewehr 1 war eine von der Firma Carl Walther in Zella-Mehlis konstruierte Waffe. Dieses Exemplar trägt die Seriennummer 1942 und wurde von der Waffenfabrik Brünn im damaligen Protektorat Böhmen und Mähren gefertigt.

Volksgewehr 1 (VG-1)

Zu den Unternehmen, die am 5. November ihre Entwürfe vorstellten, gehörten die Firmen Appel, Berlin-Spandau; Bergmann, Velten; Gustloff, Suhl; Carl Walther, Zella Mehlis; Deutsche Industrie Werke (DIW), Berlin sowie Röchling, Wetzlar. Unter den vorgestellten Waffen waren Einzellader, mehrschüssige Repetiergewehre sowie Selbstlader. Erstere lehnte Hitler von vornherein als nicht kriegsverwendungsfähig ab. Er entschied sich letztendlich für zwei Entwürfe: Einen von der Firma Walther entwickelten Mehrlader sowie ein Selbstladegewehr der Firma Gustloff.[11] Das erstgenannte Repetiergewehr erhielt den Namen „Volksgewehr" (VG), der Selbstlader wurde fortan als „Volksmaschinenpistole" geführt.

Das „Volksgewehr System Walther", wie es im offiziellen Schriftverkehr auch genannt wurde, erhielt Mitte Dezember 1944 die Bezeichnung „Volksgewehr 1" (VG-1). Grund war der Beschluss zum Bau vier weiterer Volksgewehrtypen, der diese Differenzierung notwendig machte. Ein Vertreter von Standartenführer Purucker verkündete die Annahme der vier weiteren Volksgewehrtypen auf einer Konferenz zur Planung der Volksgewehrfertigung, die am 17. Dezember 1944 bei Carl Walther in Zella Mehlis stattfand. Die anderen Teilnehmer der Konferenz zeigten sich über den Beschluss wenig erfreut und bezeichneten ihn als Gefahr für das gesamte Volksgewehrprogramm, da die Modellvielfalt die Produktion unnötig verkompliziere und verzögere. Mit ihren Einwänden konnten die Vertreter des Suhler Traditionsherstellers jedoch keinen Einfluss mehr auf den bereits gefallenen Entschluss nehmen.[12]

Bei dem Walther-Volksgewehr handelte es sich um ein Repetiergewehr mit stark vereinfachtem Zylinderverschluss. Dieser bestand im Wesentlichen aus einem Stahlzylinder, in den die Bohrung für den Verschlusszylinder sowie die Ausfräsungen für dessen zwei Verriegelungswarzen eingeschnitten waren. Lediglich der Veerschlusszylinder bestand aus einem Schmiedeteil. Alle weiteren Systemteile wie Auszieher oder Abzugseinheit waren im Blechprägeverfahren hergestellt. Die Abzugsgruppe war derart stark vereinfacht, dass sie eher zu einem Luftgewehr als zu einer Militärwaffe zu passen scheint.

[11] Vgl. Seidler 1999, S. 196
[12] Vgl. Weaver 2005, S. 137

Abb. 12: Abzug und Abzugsbügel des VG-1 waren aus Stahlblech gestanzt. Die Ringfeder im hinteren Teil stellt eine Abzugsicherung dar. In diesem Bild ist sie in Mittelstellung geschoben – das Gewehr ist schussbereit.

Als Zielhilfe sahen die Konstrukteure eine offene, nicht verstellbare Visierung aus Kimme und Korn vor. Sie war auf eine Schussdistanz von 100 m voreingestellt. Größere Entfernungen waren für die kaum an der Waffe ausgebildeten Volkssturmleute ohnehin nicht realistisch. Die gravierendsten Einsparungen hatte der Hersteller am Schaft vorgenommen. Anders als bei der sonst an Militärwaffen üblichen Vollschäftung ließ er nämlich den Lauf zur Hälfte unbedeckt. Dies war für den harten militärischen Gebrauch nicht günstig. Außerdem fehlte die Schaftkappe, sodass schon ein mäßiges Aufschlagen des Kolbens auf einen harten Untergrund zu Rissen oder gar Absplitterungen führen konnte. Auch der innen nicht mit Blech verkleidete Magazinschacht hätte bei längerem Gebrauch zu einer raschen Abnutzung des Schaftholzes geführt.

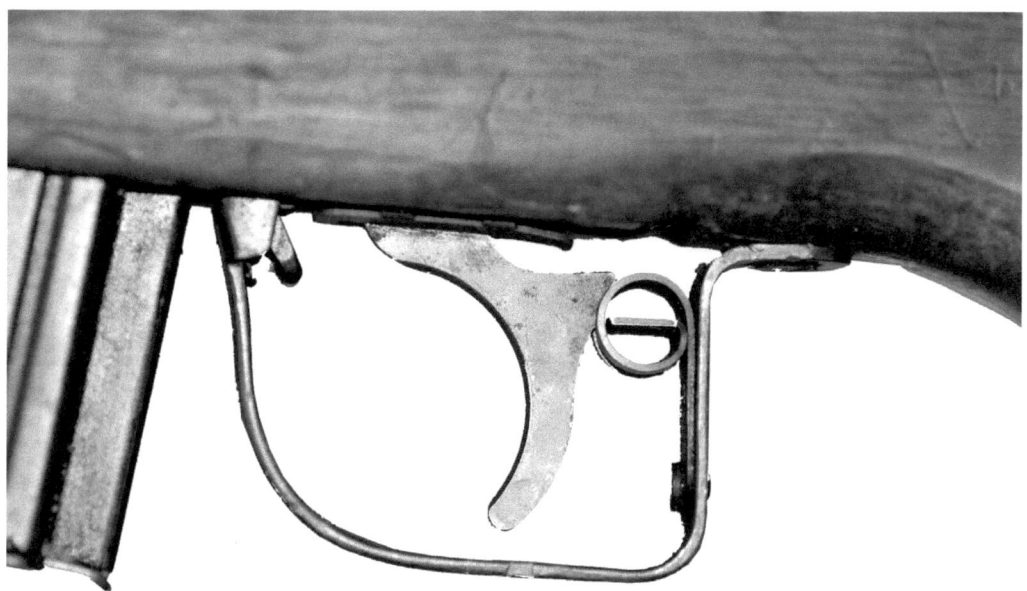

Abb. 13: Hier ist die Sicherung zur Seite geschoben – das Gewehr ist gegen Abziehen gesichert.

Insgesamt war die Waffe mit sehr großen Toleranzen gefertigt und eine abschließende Feinbearbeitung der Oberflächen blieb aus. Deshalb ist der Schlossgang der erhalten gebliebenen Waffen sehr rau. Dennoch hätte sie den intendierten Zweck, eine Minimalwaffe für eine Art Bürgerwehr, sicherlich erfüllt.Die Produktion des VG-1 lief planvoll und vergleichsweise gut organisiert an.

Der „Hauptausschuss Waffen" beim Reichsminister für Rüstung und Kriegsproduktion, Albert Speer, legte seinen Bezirksbeauftragten am 8. Dezember 1944 einen genauen Ablaufplan vor. Danach sollte das Stammwerk von Carl Walther in Zella Mehlis als Entwicklungsfirma fungieren und sogenannte Leitbetriebe im gesamten Reichsgebiet beauftragen, die ihrerseits die Fertigung einzelner Komponenten an Kleinbetriebe oder sogar einzelne Handwerker auslagern sollten. Den Leitfirmen oblag die Koordination und Qualitätskontrolle der beauftragten Kleinfirmen sowie Sammeln und Endmontage der extern gefertigten Baugruppen. Am 16. Dezember 1944 sandte die Feldzeuginspektion die Bestellung Nr. 113/44 an den Thüringischen Waffenhersteller: Sie lautete über „1.500.000 Volksgewehre, System Walther, vollst. m. Zubehör".[13]

---
[13] Vgl. Weaver 2005, S. 130

Für den 17. Dezember 1944 beraumte die Anweisung des Hauptausschusses Waffen die bereits erwähnte Fertigungsbesprechung bei Carl Walther in Thüringen an. Dabei sollten die Vertreter der Leitfirmen je ein Mustergewehr und mehrere Zeichnungssätze ausgehändigt erhalten.[14] Auch Walther sollte eine eigene Fertigung aufbauen, die als Stamm- und Schulungsbetrieb fungieren sollte und Ratschläge und Verbesserungen an alle in die Fertigung eingebundenen Betriebe weitergeben sollte.

Als letztendlicher Auftraggeber fungierte der Reichsführer SS, Heinrich Himmler. Entwicklungsfirma und Leitfirmen sollten zusammen ab Januar 1945 100.000 bis 150.000 Gewehre pro Monat produzieren.

Da früh erkannt wurde, dass hierbei der Lauf, als am schwierigsten zu fertigendes Bauteil, zu Engpässen führen konnte, verfügte der Hauptausschuss

Abb. 14: Das VG-1 wurde aus einfachstem Material gefertigt: Der Schaft wurde grob aus Buche gefräst, der Verschluss bestand aus Drehteilen und System und Kleinteile aus Stahlblech und Draht.

---

[14] Vgl. Weaver 2005, S. 132

Abb. 15: Am vorderen Schaftende wird der aus Draht gebogene Riemenbügel durch eine Bohrung geführt und auf der anderen Seite über einer Unterlegscheibe umgebogen.

Waffen, dass die Luftwaffe rund 245.000 Reserveläufe ihrer Maschinengewehre 15, 17 und 81 abzutreten hatte. Diese mussten nur äußerlich auf Maß gedreht werden, Patronenlager und Bohrung waren bereits auf die Standardpatrone 7,92 x 57 mm ausgelegt.[15] Nachdem dieses Kontingent Läufe aufgebraucht war, sollte ein weiteres von 180.000 von der Luftwaffe zur Verfügung gestellt werden. Um die komplizierte Fertigung von Magazinen zu umgehen, wurde das VG-1 für das Kastenmagazin des Selbstladegewehrs K 43 ausgelegt. Davon lagen noch rund 400.000 Stück auf Lager und waren für den Volkssturm verfügbar. Auch andere aufwendig zu fertigende Normteile sowie Federn, Tragegurte u. a. sollten an zentralen Stellen gefertigt und an die Leitfirmen geliefert werden. Unter dem permanenten Bombardement alliierter Luftverbände und dadurch zusammenbrechender Verkehrs- und Kommunikationsinfrastruktur war dies sicherlich ein nahezu aussichtsloses Unterfangen. Am 9. Februar 1945 meldete Carl Walther an den Hauptausschuss Waffen, dass die ersten 500 Walther-Volksgewehre zur Abholung bereitlägen.[16] An welche Volkssturmverbände sie letztendlich ausgegeben wurden und wie viele VG-1 von Walther und allen Leitfirmen zusammen bis Kriegsende gefertigt wurden, ist heute nicht mehr feststellbar.

---

[15] Vgl. Kissel 1962, S. 37f
[16] Vgl. Weaver 2005, S. 143

Zum Volksgewehr VG-1 ist eine Gebrauchsanweisung erhalten, die auf dem heutigen Sammlermarkt auch als Nachdruck erhältlich ist. Sie wird im Folgenden wiedergegeben, da sie möglicherweise einen Einblick in die geplante Ausbildung der Volkssturmmänner an der Waffe bietet. Leider kann ihre Authentizität nicht mit Sicherheit nachgewiesen werden, weil sich als einziger Quellennachweis Name und Anschrift des Berliner Verlages Eisenschmidt darin finden.

Das Unternehmen existiert heute leider nicht mehr, sodass seine Firmenarchive keinen Aufschluss mehr geben können. Zeitgenössische Berliner Adressbücher geben die Adresse des Verlags allerdings mit „Neustädtische Kirchstraße 4–5" statt „Neustädtische Kirchstraße 15" an – ein Hinweis auf eine Fälschung? Auch der Hinweis „aufgestellt unter Mitwirkung amtlicher Stellen" wirkt ungewöhnlich vage und findet sich auf keinen vergleichbaren Schriftstücken dieser Zeit.

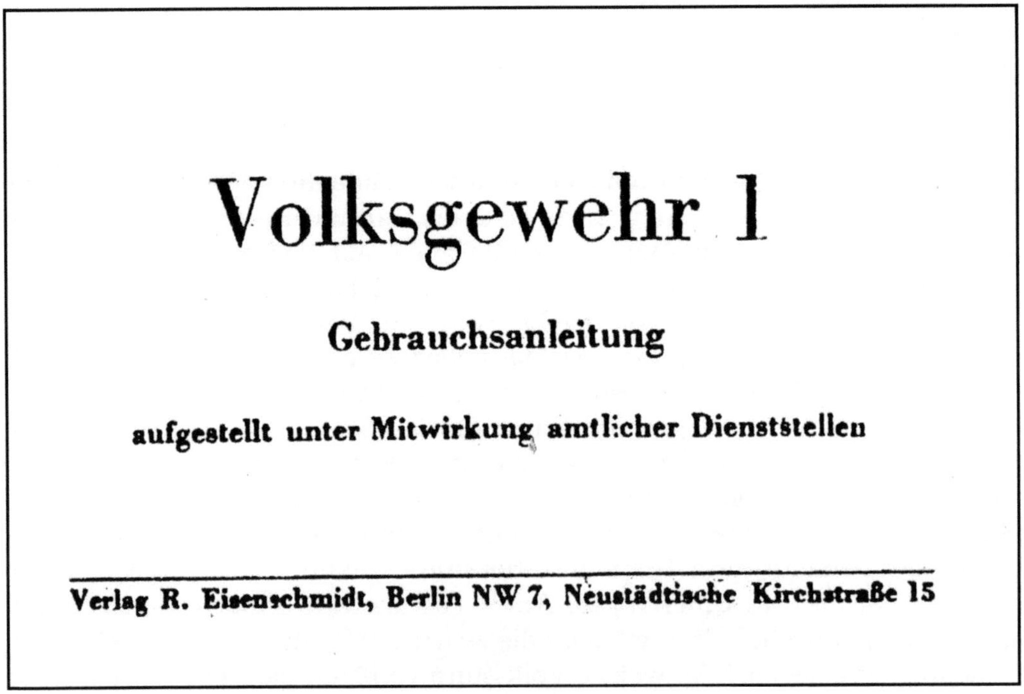

Volksgewehr 1

Gebrauchsanleitung

aufgestellt unter Mitwirkung amtlicher Dienststellen

Verlag R. Eisenschmidt, Berlin NW 7, Neustädtische Kirchstraße 15

Abb. 16: Deckblatt der Bedienungsanleitung für das VG-1. Berliner Adressbücher aus den 1940er-Jahren geben die Firmenanschrift des Verlags R. Eisenschmidt mit „Neustädtische Kirchstraße 4–5" statt „Neustädtische Kirchstraße 15" an. Möglicherweise handelt es sich bei dem Dokument also um eine Fälschung aus der Nachkriegszeit.

A. Allgemeines.

1. Das **Volksgewehr 1** (VG. 1) ist ein Mehrlader unter Verwendung des Magazins des Karabiners 43 für 10 Patronen. Trotz der vereinfachten Ausführung ist die Schußleistung die gleiche wie bei den Schußwaffen 98.

Munition: Deutsche Gewehrmunition
Visiereinrichtung . . . . Standvisier 200 m
Kaliber . . . . 7,9 mm
Anzahl der Züge (Rechtsdrall) 4
Länge der Waffe . . . . 1033 mm
Gewicht ohne Magazin . . . . 3,3 kg
Gewicht des gefüllten Magazins . . . 0,45 kg

B. Einzelheiten. Zu Bild 1 Seite 4.

2. **Hauptteile**: Lauf, Visiereinrichtung, Verschluß mit Abzugseinrichtung, Schaft und Magazin.

3. Der **Lauf** ist an der Mündung innen in einer Länge von 30 mm auf 10 mm Ø erweitert. Ferner ist er vorn außen zur Aufnahme des Gewehr-Granatgeräts abgesetzt. Hinten ist der Lauf ohne Gewinde in die Hülse gepreßt und wird durch einen Stift gehalten.

4. **Schloß**: Kammer mit Auszieher, Druckbolzen und Feder, Sperre für Schloßteile, Schlagbolzen mit Führungsbolzen, Schlagbolzenfeder, Gegenlager und Vorsteckscheibe.

5. **Abzugeinrichtung**: In den aufgenieteten Lagern an der Hülse sind drehbar gelagert: Abzuggabel mit Stollen und Kappe sowie Abzug mit Drucknase und in der Fabrik fest eingestelltem Druckpunkt.

6. Die **Sicherung** befindet sich im Abzugbügel und legt beim Schwenken nach rechts den Abzug fest.

7. **Schaft** mit Riemenbügel, Lagerstück und Kolbenkappe. Kreuz- und Verbindungsschraube mit je einer Einlage und Unterlegplatte verbinden den Schaft mit der Hülse.

8. Das **Magazin** besteht aus Gehäuse, Magazinboden, Zubringer und Zubringerfeder. Der Magazinboden wird auf das Magazingehäuse geschoben und federnd gehalten.

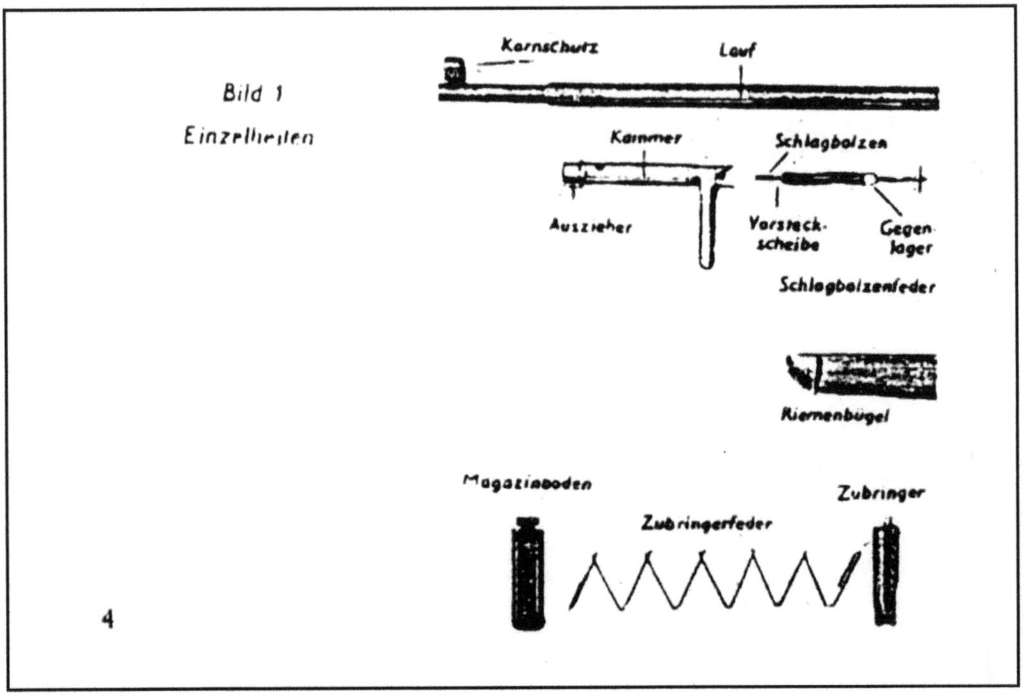

Volksgewehre

Bild 1 Einzelheiten

- Kornschutz
- Lauf
- Kammer
- Schlagbolzen
- Auszieher
- Vorsteckscheibe
- Gegenlager
- Schlagbolzenfeder
- Riemenbügel
- Magazinboden
- Zubringerfeder
- Zubringer

4

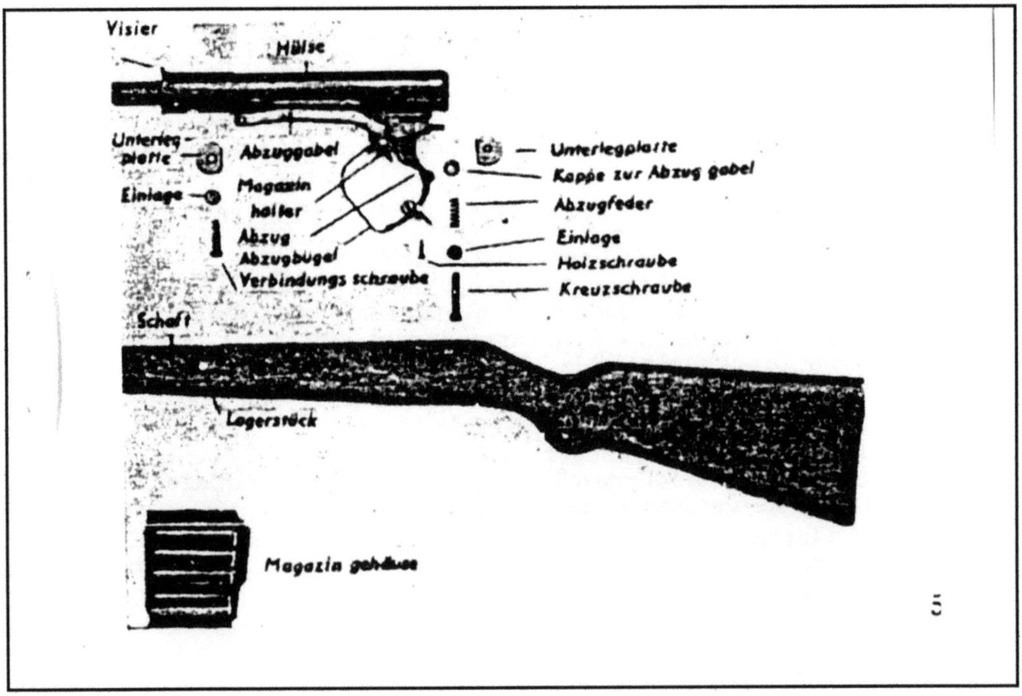

- Visier
- Hülse
- Unterlegplatte
- Abzuggabel
- Unterlegplatte
- Einlage
- Magazinhalter
- Kappe zur Abzuggabel
- Abzug
- Abzugfeder
- Abzugbügel
- Einlage
- Verbindungsschraube
- Holzschraube
- Kreuzschraube
- Schaft
- Lagerstück
- Magazingehäuse

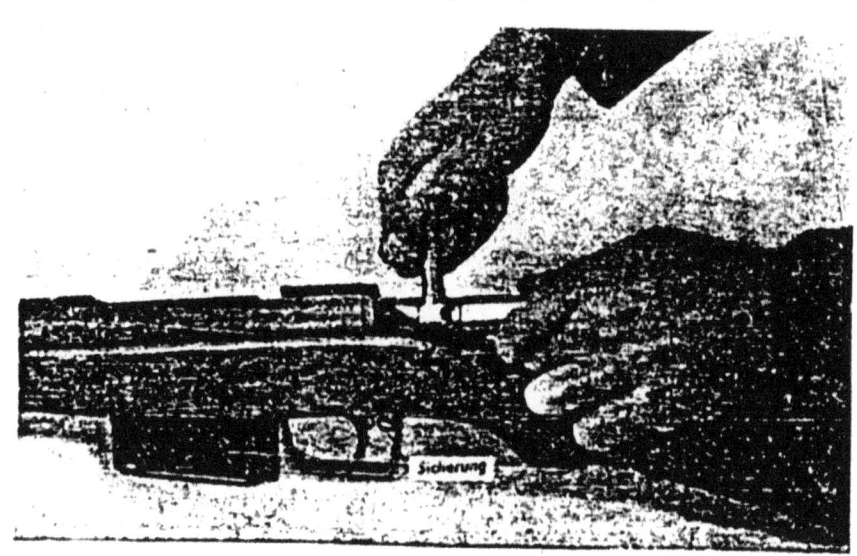

Bild 2. Entspannen des Schlosses

C. Handhabung.

9. Schießen.

Laden: Gefülltes Magazin einsetzen, sichern, Kammer durch Drehen des Kammergriffs entriegeln und bis zum Anschlag zurückziehen, Kammer wieder vorschieben, dabei Einführen der Patrone in den Lauf, Kammergriff nach rechts bis Anschlag drehen, Waffe ist geladen und gesichert, d. h. durch Entsicherung und Zurückziehen des Abzugs bricht der Schuß.

Entladen: Mündung der gesicherten Waffe nach oben, Magazin abnehmen, Kammer durch Kammergriff drehen und zurückziehen, herausfallende Patrone auffangen, Blick in das Patronenlager, ob Lauf frei ist.

Entspannen: Rechte Hand stellt Kammergriff hoch, mit linkem Zeigefinger Abzug durchziehen und Kammergriff wieder nach rechts umlegen.

Merkregel: Bei allen Ladebewegungen Finger weg vom Abzug. Waffe immer als geladen betrachten, wenn Kammer geschlossen ist, da von außen nicht erkennbar, ob sich Patrone im Lauf befindet.

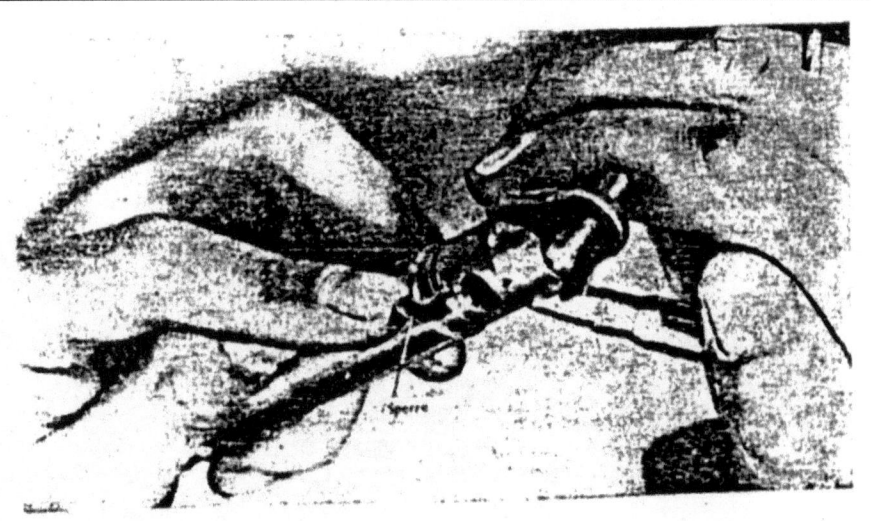

Bild 3. Herausnehmen der Schloßteile aus der Kammer

10. Auseinandernehmen und Zusammensetzen des Schlosses. Schloß unter Zurückziehen des Abzuges der Hülse entnehmen, umgekehrt in die Hülse einführen und unter Drehen nach links oder rechts entspannen.

11. Herausnehmen der Schloßteile aus der Kammer. In das Loch neben den Kammerstengel Geschoßspitze einstecken. Schlagbolzenfeder durch Druck auf das Gegenlager etwas nach vorn schieben (Hebelwirkung). Hierdurch wird die Sperre frei und kann herausgeschwenkt werden. Schloßteile entnehmen. Zusammensetzen in umgekehrter Reihenfolge. Vor Einführen des Schlosses Schlagbolzenfeder spannen.

12. Sichern und Entsichern.

Zum Sichern Sicherung im Abzugbügel nach rechts drücken, wobei sie sich hinter den Abzug legt. Es kann nicht abgezogen werden.

Zum Entsichern Sicherung nach links drücken. Ihr Einschnitt gibt den Abzug frei.

13. Füllen des Magazins. Magazin mit der Hand durch Hineindrücken jeder einzelnen Patrone füllen

Bild 4. Einsetzen des Magazins

Zu Bild 4.

14. **Laden und Entladen.** Gefülltes Magazin, Geschoßspitzen nach vorn, in der Öffnung von Schaft und Hülse einhaken und nach oben schwenken, bis der Magazinhalter hörbar einrastet. Entladen: Kammer auf, Magazinhalter eindrücken und Magazin nach unten ausschwenken.

D. Reinigen.

15. Zur Erhaltung guter Treffleistung ist die Waffe, besonders das Laufinnere, nach dem Schießen zu reinigen, mindestens jedoch vorläufig einzuölen. Steht kein Reinigungsgerät 34 zur Verfügung, ist das Durchziehen des Laufes mit Behelfsmitteln durchzuführen.

Ausführung:

Nicht zu starken Bindfaden (isolierten Leitungsdraht) in überdoppelter Lauflänge zusammenlegen, etwa 10 cm von der Schlinge im Abstand von 3 cm doppelt knoten.
Nach Öffnen des Schlosses lose Bindfadenenden vom Patronenlager aus durch den Lauf schieben, Stoffrest zwischen die Kno-

ten — nicht in die Schlinge — legen und ölen (fetten), an der Mündung heraushängende Enden erfassen und ziehen. Ist der Reinigungsstreifen zu stark, ihn an der Schlinge rückwärts herausziehen.

Vorsicht! Steckengebliebene Reinigungsstreifen niemals durch Stampfen mit einem vorhandenen Gewehrstock herauszubringen versuchen, sie können nur durch Ziehen entfernt werden.
Der Versuch, Verstopfungen des Laufes durch Abfeuern einer Patrone zu beseitigen, grenzt an Selbstmord.

Den gereinigten Lauf nochmals leicht einölen. Alle übrigen Teile mit öligem Lappen abwischen, Reibestellen stärker ölen. Zum Reinigen des Magazins Magazinboden abnehmen. Hierzu Blattfeder leicht anheben, nicht gewaltsam verbiegen und Magazinboden nach vorn herausschieben. Teile mit Öllappen abwischen und trocken reiben. Kein Öl einspritzen. Waffe funktioniert am besten mit trockenem Magazin.

Von guter Behandlung hängt die Treffleistung ab!

12   C/1440

Abb. 17: Typische Stempelung auf dem Verschlussrohr: Modellbezeichnung, Drei-Buchstaben-Code des Herstellers, Seriennummer und Fertigungsjahr.

Abb. 18: Dieses VG-1 trägt neben dem Codestempel „ac" der Walther Werke auch das Kürzel „Ng". Diese Kombination kennzeichnet die Produktionsstätte dieses Stücks als die Metallwerke Neuengamme. Hinter dieser Bezeichnung verbarg sich nichts anderes als eine Fertigungshalle von Walther auf dem Gelände des Konzentrationslagers Neuengamme. Das Gebäude war von Häftlicngen errichtet und durch die SS an Walther und andere Rüstungsbetriebe verpachtet worden. Die Gefangenen mussten, rund 900 allein für Walther, unter furchtbaren Arbeitsbedingungen Waffen und Rüstungsgüter herstellen. Die Waffe wurde freundlicherweise von Herrn Hans-Peter Schmid zur Verfügung gestellt.

Abb. 19, 20 und 21: Das VG-1 aus der Vorserienproduktion des Walther-Werks in Zella-Mehlis mit der Seriennummer 03. Dieses Exemplar muss an den Erprobungen in Kummersdorf teilgenommen haben. Das Stück hat die Testverfahren ohne größere Beschädigungen oder Verschleißerscheinungen überstanden. Auffällig ist, dass sich das spätere Serienmodell nur unwesentlich von diesem ersten Entwurf unterscheidet. Lediglich der Lauf erscheint klobiger und die Kanten des Schafts sind weniger gerundet. Waffe: Hans-Peter Schmid.

Abb. 22: Das Foto links ermöglicht einen Blick in den grob in das Schaftholz des VG-1 gefrästen Magazinschacht – da er innen nicht mit Metall ausgekleidet ist, wäre er bei längerem Gebrauch der Waffe schnell verschlissen. Der kleine Federschnäpper im vorderen Teil des Abzugsbügels arretiert das eingesetzte Magazin.

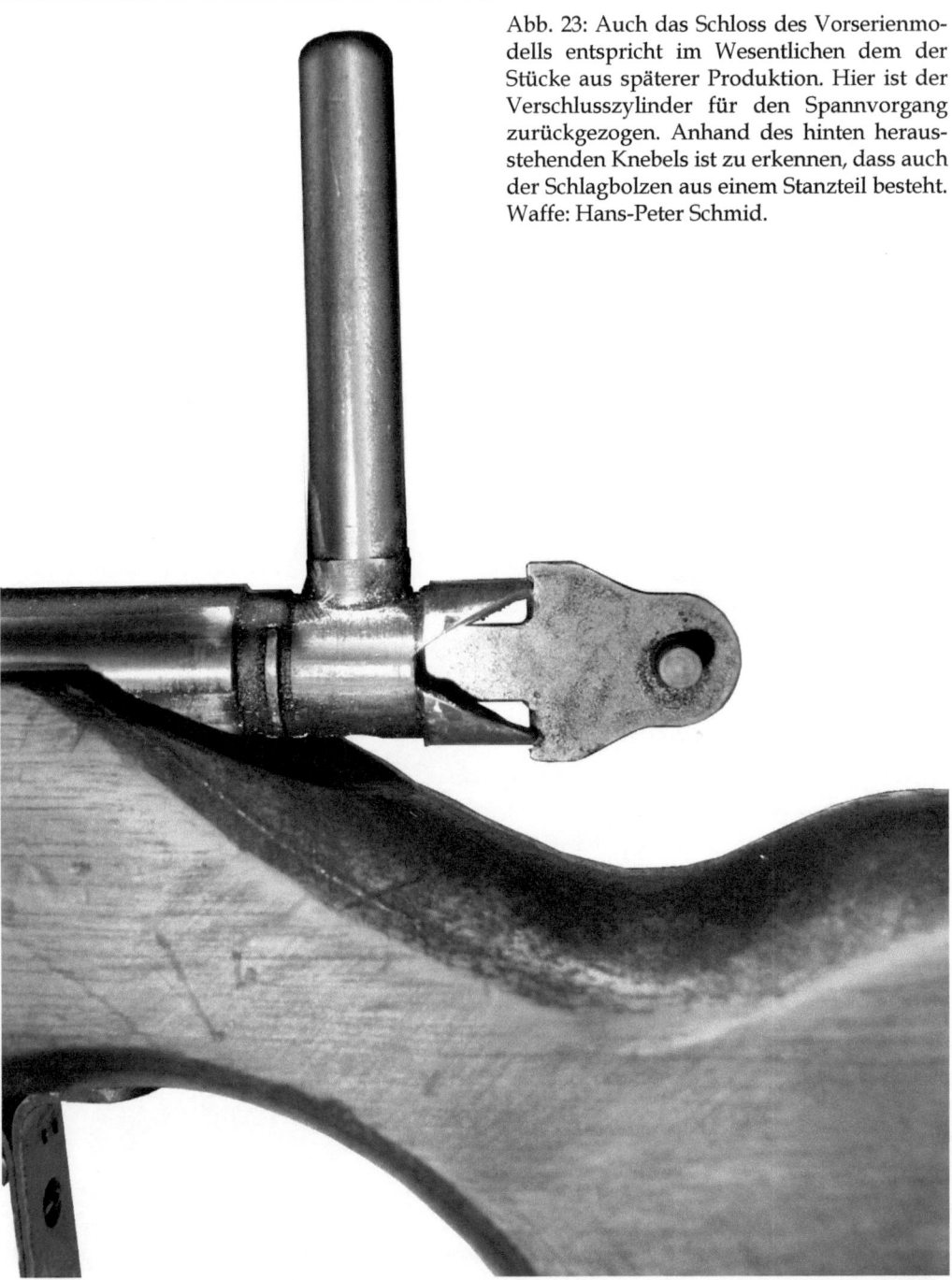

Abb. 23: Auch das Schloss des Vorserienmodells entspricht im Wesentlichen dem der Stücke aus späterer Produktion. Hier ist der Verschlusszylinder für den Spannvorgang zurückgezogen. Anhand des hinten herausstehenden Knebels ist zu erkennen, dass auch der Schlagbolzen aus einem Stanzteil besteht. Waffe: Hans-Peter Schmid.

Abb. 24: Das Schloss mit zurückgezogenem Verschluss von rechts. Waffe: Hans-Peter Schmid.

Abb. 25: Rechts die Schaftunterseite. Die Schraube dient der Verankerung des Systems. Davor eine Stempelung, die sich auf vielen Schäften von Volksgewehren des Typs 1 findet. Waffe: Hans-Peter Schmid.

Abb. 26: Der Verschluss des VG-1 in der Draufsicht.

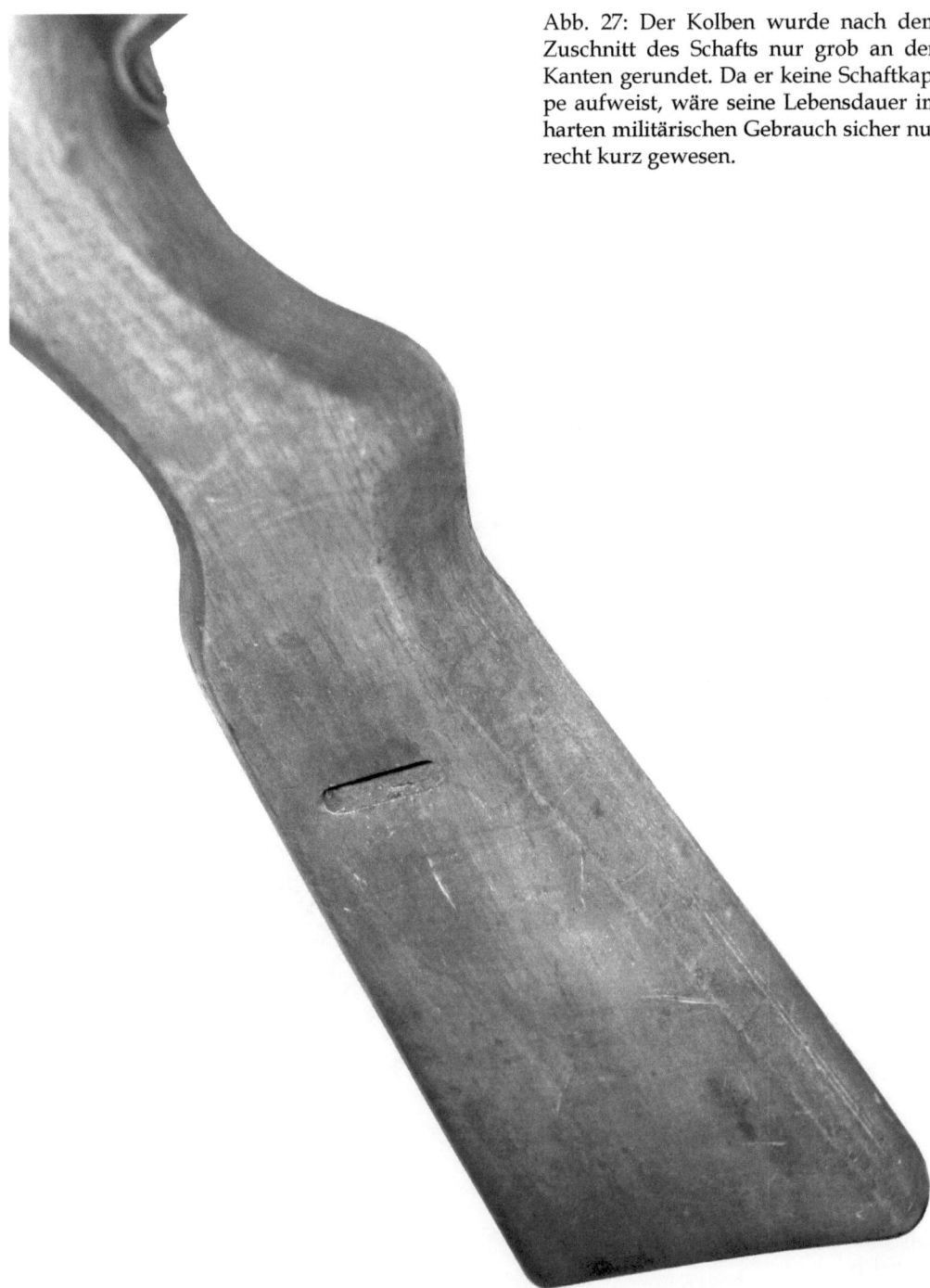

Abb. 27: Der Kolben wurde nach dem Zuschnitt des Schafts nur grob an den Kanten gerundet. Da er keine Schaftkappe aufweist, wäre seine Lebensdauer im harten militärischen Gebrauch sicher nur recht kurz gewesen.

Abb. 28: Das Laufbett ist zur Fertigungsvereinfachung auf ganzer Länge im Durchmesser des Verschlussrohrs ausgekehlt. Der Lauf ist somit freischwingend ausgelegt und dadurch noch weniger vor Verbiegen oder Beschädigung geschützt.

Abb. 29: Der zylindrische Lauf ist im vorderen Bereich an zwei Stellen abgesetzt. Dadurch liegt der Schwerpunkt der Waffe relativ weit vorn und der Rückstoß lässt sich gut beherrschen. An der vorliegenden Waffe besteht das Korn aus einem sich nach oben verjüngenden Stück Rundmaterial, das per Schwalbenschwanz mit dem Lauf verbunden ist.

Abb. 30: Die Laufmündung mit Korn und Korntunnel in der Standardausführung. Waffe: Hans-Peter Schmid.

Abb. 31: Extrem seltene Variante der Gestaltung von Laufmündung und Korn an einem VG-1. Die Verdickung am Lauf zeigt, dass er ursprünglich von einem MG-81 stammt. Das Abdrehen dieses Teils des Laufs ist bei einigen Waffen unterblieben, möglicherweise, weil dieser Arbeitsschritt ohnehin nur aus optischen Gründen vorgesehen war.

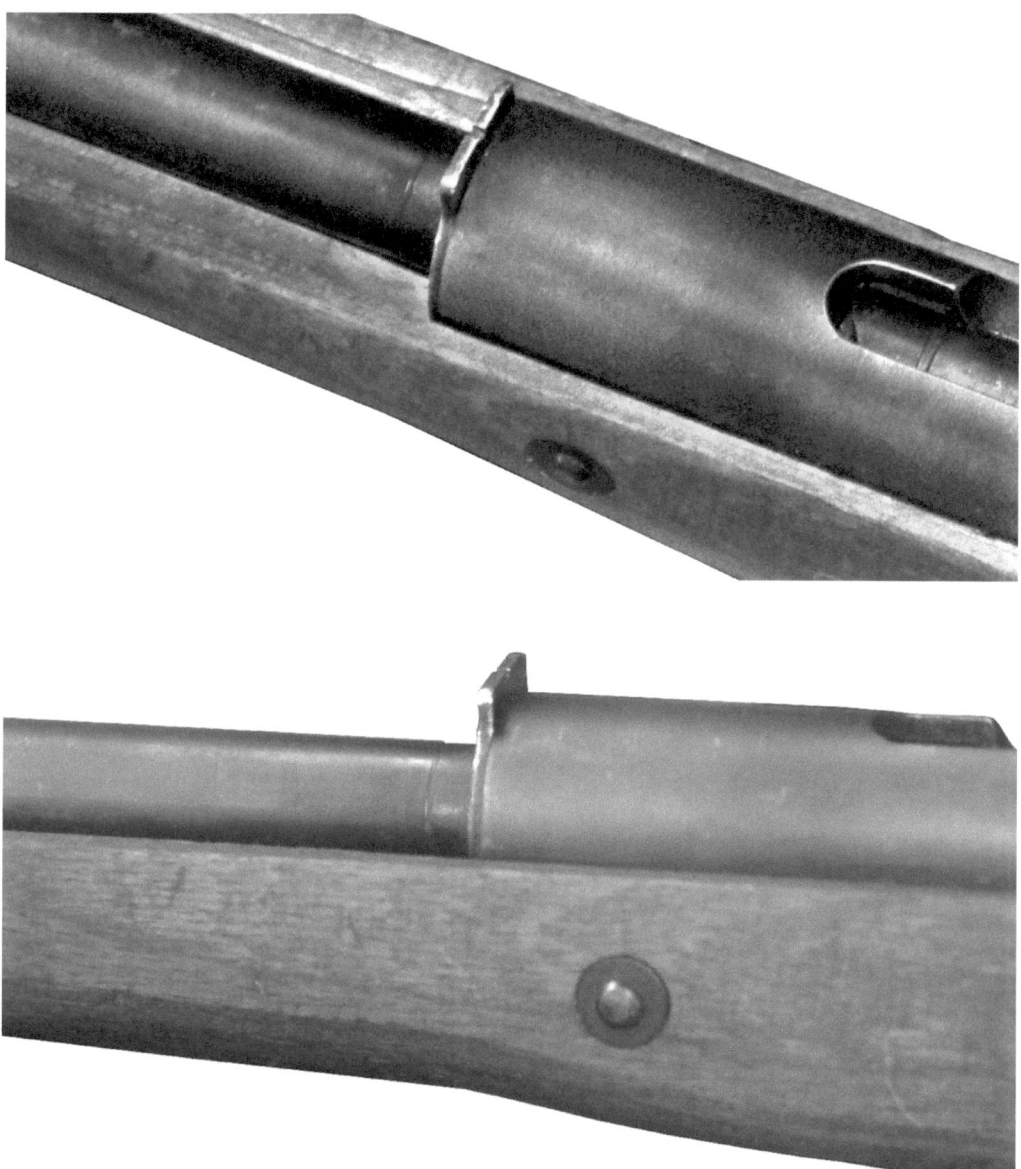

Abb. 32 und 33: Die Kimme ist als Standvisier ausgelegt und für den Schuss auf 100 Meter Distanz voreingestellt. Sie besteht aus gestanztem Stahlblech und wurde beim Einschrauben des Laufs in das Verschlussrohr montiert.

Abb. 34: Das Gewehr 43 (G-43), im offiziellen Schriftverkehr gegen Kriegsende Karabiner 43 (K-43) genannt, hatte eigentlich den Karabiner 98k als Standard-Infanteriewaffe ablösen sollen. Da jedoch die Hersteller die angestrebte Stückzahl von monatlich 100.000 Waffen nie erreichten, musste die Wehrmacht von diesem Plan Abstand nehmen. Bis Kriegsende wurden etwa 450.000 Stück produziert. Weil durch die Produktionsverzögerungen ein großer Überbestand an Magazinen vorlag, konnte das Volksgewehr-Programm auf dieses Material zurückgreifen.

Abb. 35: Das Bild zeigt zum Vergleich den Magazinschacht des Selbstladegewehrs G43, von dem das Magazin des VG-1 entlehnt war. Er erweist sich als saubere Konstruktion, die für einen längerfristigen Einsatz ausgelegt war.

Abb. 36: Das VG-2 der Deutschen Industrie Werke (DIW). Es unterscheidet sich stark vom eigentlich als Volksgewehr angenommenen Walther-Entwurf – mit diesem hat es lediglich das Standardkaliber 8 x 57 und das Magazin des Gewehr 43 gemein.

Volksgewehr 2 (VG-2)

Wie gezeigt wurde, erhielten von den zahlreichen Entwürfen für ein Volksgewehr nur zwei das Placet Adolf Hitlers: der Walther-Karabiner – das bereits vorgestellte VG-1 – sowie die Volksmaschinenpistole der Gustloff-Werke. Vor dem Hintergrund der militärischen und wirtschaftlichen Notlage, in der sich das Reich gegen Ende 1944 befand, überrascht es zunächst, dass neben diesen noch weitere Volksgewehrtypen gebaut wurden. Wie es dazu kam, zeigt sich exemplarisch am VG-2, das zunächst als Entwurf der Deutschen Industrie Werke Berlin (DIW) in die Ausscheidung ging, nach den in Kummersdorf durchgeführten Erprobungen aber wegen offensichtlicher Qualitätsmängel abgelehnt worden war. So war bei einem Exemplar der Auszieher gebrochen, bei einem anderen gar der Kammerstängel. Letzterer Schaden macht deutlich, dass dieses normalerweise eher geringeren Belastungen ausgesetzte Bauteil in vielen der Volksgewehr-Konstruktionen als zusätzliche Verriegelungswarze diente und damit hohen Scherkräften ausgesetzt war.[17]

Der weitere Weg des DIW-Volksgewehrs ist eng verbunden mit der Person des SS-Standartenführers Erich Purucker. Dieser war im Zivilberuf Betriebsführer der Spreewerke GmbH, einer Tocher der Deutschen Industrie Werke AG in Berlin-Spandau. Darüber hinaus war er Wehrwirtschaftsführer und als solcher Mitarbeiter im Reichsministerium für Bewaffnung und Munition. Von Dezember 1944 bis Kriegsende war er Beauftragter für die Bewaffnung und Ausrüstung des Deutschen Volkssturms. Er war maßgeblich an der anfänglichen Beurteilung der Entwürfe und Prototypen von Volksgewehren und deren Vorlage bei Hitler beteiligt. Zuvor hatte er einen Karriereknick erlitten: Ende 1943 war er von Erich Kaltenbrunner, dem Chef der Sicherheitspolizei und des SD, beschuldigt worden, Waffen und Ausrüstung auf eigene Rechnung in andere Länder verkauft zu haben. Daraufhin wurde er aus der SS ausgeschlossen. Am 27. Oktober 1944 hatte Gottlob Berger wiederum dem Reichsführer SS, Heinrich Himmler, gemeldet, dass die Anschuldigungen gegen Purucker jeder Grundlage entbehrten, woraufhin er wieder seinen alten SS-Dienstgrad eins Standartenführers erhielt. Ein Hinweis für die guten, möglicherweise freundschaftlichen Beziehungen zwischen den beiden Männern.

---

[17] Vgl. Weaver 2005, S. 175f

Auch gegen Kriegsende stand er noch auf der Gehaltsliste der Spreewerke – ein Grund für ihn, Lobbyarbeit für die Produkte seines Dienstherrn zu leisten.[18] Somit war es möglicherweise kein Zufall, dass die DIW nach der erfolglosen Vorführung ihres VG das Projekt zur Weiterentwicklung an ihre Tochter Spreewerke übergab.

Und Standartenführer Purucker konnte als Vertreter der Interessen der Spreewerke bald erste Erfolge verzeichnen: Am 15. Januar 1945 hielt er in einem offiziellen Memorandum fest, dass SS-Obergruppenführer Gottlob Berger neben der Produktion des Walther-Volksgewehrs nunmehr auch die des Spreewerke-Entwurfs für bestimmte Gaue zugelassen hat.[19] Dieser Entscheidung zufolge sollte das DIW-Hauptwerk in Berlin die aus Blech geprägten Verschlussgehäuse des VG-2 herstellen. Die restlichen Komponenten würden in der Spreewerke-Niederlassung im sudetendeutschen Grottau entstehen. Hier sollte auch die Endmontage erfolgen.[20] In Bezug auf das heute eigenmächtig erscheinende Handeln von Funktionären wie Purucker ist anzumerken, dass die weiteren verwirklichten Volksgewehr-Entwürfe in allen Fällen die Genehmigung zumindest Gottlob Bergers erhielten. Dieser dürfte durchaus die Machtbefugnisse gehabt haben, solche Entscheidungen zu treffen. Es handelt sich also nicht um „wilde" Bauvorhaben, die unter Umgehung der offiziellen Dienstwege erfolgten.

Dies zeigt sich auch anhand der „Technischen Lieferbedingungen für VG", die das Heereswaffenamt am 1. Februar 1945 herausgab und von Gottlob Berger an die Leitfirmen weitergeleitet wurden. Diese TL beziehen sich explizit auf das:

Walther _____ VG 1
Spreewerke _____ VG 2
Rheinmetall _____ VG 3
Mauser Werke _____ VG 4
Steyr _____ VG 5[21]

Somit belegt dieses Dokument eindeutig, dass das VG-2 und die im Folgenden vorgestellten weiteren Konstruktionen durchaus in offiziellem Rahmen verwirklicht wurden.

---

[18] Vgl. Benz 2006, S. 123
[19] Vgl. Weaver 2005. S. 176
[20] Vgl. Balcar 2009, S. 196
[21] Pawlas, Waffen Revue 74, S. 49

Abb. 37: Durch den aus Stahlblech geprägten Systemkasten unterscheidet sich das VG-2 von allen anderen Volksgewehren. Hier ist ein Exemplar aus einer frühen Serie abgebildet, erkennbar an der „geschlossenen" Kugel des Kammerstängels.

Am 20. Januar 1945 – nur fünf Tage nach Verfassen des oben erwähnten Memorandums – reiste Purucker in das von der Roten Armee bereits nahezu eingeschlossene Danzig. Er überzeugte den dortigen Gauleiter, SS-Obergruppenführer Albert Forster, der zugleich auch als „Organisator und Führer des Deutschen Volkssturms" in seinem Gau fungierte, dass das VG-2 in dem wenig industrialisierten Gebiet leichter zu produzieren sei als das aufwendigere VG-1. Als Leitfirma sollte der Werftbetreiber Schichau AG fungieren. Umgehend veranlasste Purucker die Lieferung von rund 2.000 VG-2 Komponenten, wahrscheinlich den am aufwendigsten zu fertigenden Verschlussgehäusen, an die neue Leitfirma.[22] Da das Unternehmensgelände bereits wenige Wochen später von der Roten Armee eingenommen wurde, ist allerdings fraglich, ob dort überhaupt noch VG-2 fertiggestellt wurden.

Alle vom Autor untersuchten VG-2, die einen Code-Stempel aufweisen, tragen mit „cyq" den der Spreewerke Berlin. Da deren Niederlassung in Grottau kein eigener Code zugewiesen worden war, ist davon auszugehen, dass dort der Stempel des Berliner Hauptwerkes verwendet wurde. Also sollte der Löwenanteil der fertiggestellten VG-2 in Grottau entstanden sein.

Abb. 38: Alle bekannten VG-2 tragen den Codestempel „cyq".

---

[22] Vgl. Weaver 2005, S. 176f

Abb. 39: An der Unterseite des Systemkastens: Blick auf Magazinschacht und Magazinhalterung.

Doch inwieweit unterscheidet sich das VG-2 der Spreewerke vom ursprünglich von Hitler favorisierten Entwurf der Walther-Werke? Augenfälligstes Merkmal ist der Verschlusskasten aus tiefgezogenem Stahlblech, der einen zweigeteilten Schaft erforderlich macht. Dieses Element ersetzt das bei Mauser-Systemen für das Verschlussstück benötigte Schmiedeteil. In den Verschlusskasten des VG-2 wurde laufseitig ein Rohrstück aus gedrehtem Stahl eingeschweißt, in das wiederum der Lauf eingeschoben und mit Schweißpunkten und Stiften befestigt wurde. Verschlussseitig wies das Rohr die entsprechenden Nuten auf, um die Verriegelungswarzen des Verschlussstücks aufzunehmen. Im Bereich des hinteren Endes des Rohrstücks waren ein Fenster für den Hülsenauswurf und eine Nut für den Kammerstängel in das Blech des Verschlusskastens eingeschnitten. Letztere Passung diente zugleich als zusätzliche Verriegelung für den Verschluss. Hinter dieser Nut wurde ein kürzeres, röhrenförmiges Drehteil eingeschweißt, das als hintere Führung des Verschlussbolzens diente. Es wies zwei Nuten auf, um beim Einführen des Bolzens Platz für die zwei Verriegelungswarzen zu schaffen. Vorne und hinten waren am Verschlusskasten Befestigungsmöglichkeiten für Vorder- und Hinterschaft vorgesehen. Als Schaftholz fand hauptsächlich Buche Verwendung. Wie bei allen Volksgewehren bestand es im Wesentlichen aus Flachmaterial, das an den Kanten nur grob gerundet wurde.

Abb. 40: An der Oberseite des Verschlusskastens sind die Schweißpunkte, mit denen das Verschlussrohr befestigt ist, gut zu erkennen.

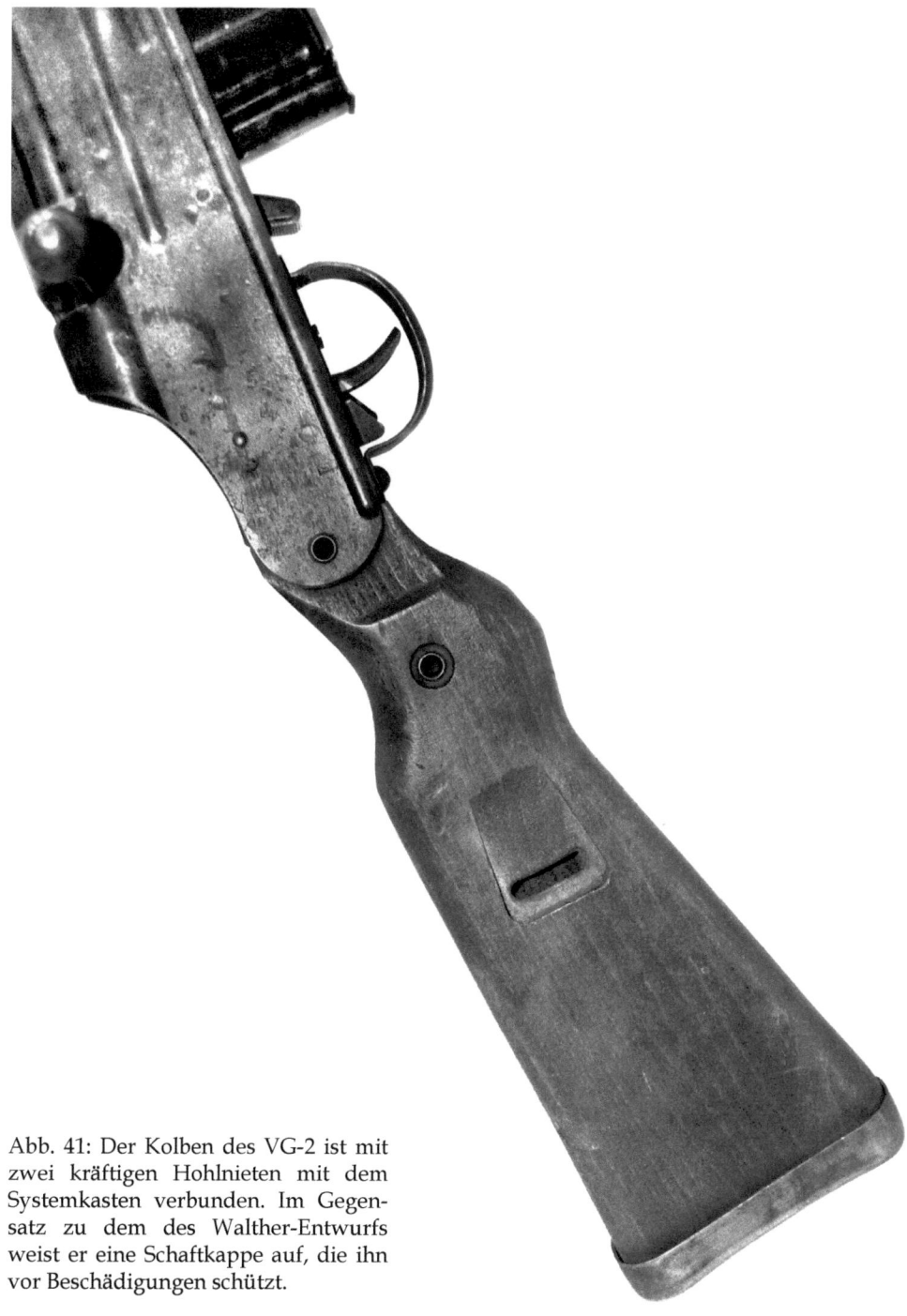

Abb. 41: Der Kolben des VG-2 ist mit zwei kräftigen Hohlnieten mit dem Systemkasten verbunden. Im Gegensatz zu dem des Walther-Entwurfs weist er eine Schaftkappe auf, die ihn vor Beschädigungen schützt.

Abb. 42: Das VG-2 besteht aus mehr Einzelteilen als die anderen Volksgewehre. Auch wirkt es besser verarbeitet und die Konstruktion insgesamt ausgearbeiteter. So weist der Vorderschaft sogar einen Laufring auf und auch ein Putzstock ist vorhanden – letzterer finden sich an keinem anderen der Volksgewehre.

Vorteilhaft im Vergleich zum Walther-Entwurf: Der Schaft des VG-2 weist eine, wenn auch nur grob eingepasste, stählerne Schaftkappe auf. Diese dürfte bei der militärischen Verwendung des Gewehrs für eine längere Haltbarkeit des Schaftes gesorgt haben. Als Laufrohlinge standen auch bei der Produktion des VG-2 ausschließlich ausgediente MG-Läufe der Luftwaffe zur Verfügung. Diese wurden wieder nicht konisch abgedreht, wie bei der Herstellung beispielsweise des K-98, sondern in Stufen, sodass diese Arbeit auch von ungelernten Arbeitskräften an einfachen Drehbänken ausgeführt werden konnte. Im Bereich der Laufmündung wurde ein einfaches Korn im Korntunnel mit einer Blechschelle befestigt. Am vorderen Ende des Verschlusskastens wurde ein aus Stahlblech geprägter Träger

Abb. 43: Dieses Bild zeigt, wie der Vorderschaft in den Systemkasten eingepasst ist. Er wurde zwischen die Blechwangen des Elements geschoben und mit drei Schrauben gesichert.

für die Kimme angeschweißt. In diesen wurde ein Stück Rundstahl eingeschoben, das in der Mitte abgeflacht und mit einer V-förmigen Nut versehen war. An der Seite befand sich ein Schlitz für den Schraubendreher, mit dem das Rundteil gedreht und so die Höhe der Kimme grob verändert werden konnte. Insgesamt dürfte die Visierung also den zu erwartenden Fähigkeiten der Schützen entsprochen haben.

Wie bereits gezeigt wurde, erreichte auch das VG-2 Fertigungszahlen von mehreren Tausend Stück. Im Lauf der Produktion fanden noch Anpassungen statt, die sich an den wenigen erhaltenen Stücken nachweisen lassen. So findet sich die Seriennummer bei den frühen bis mittleren Fertigungsreihen meist auf der linken Waffenseite, am unteren Rand des Verschlussgehäuses, in der Nähe des Magazinschachts. Bei den späteren Exemplaren wandert sie, wiederum auf der linken Waffenseite, auf dem Verschlussgehäuse weiter nach oben in die Nähe des Laufansatzes. Dort ist sie dann in einer Reihe mit der Modellbezeichnung „VG 2" und dem Codestempel des Herstellers „cyq" eingeschlagen. An allen bekannten Volksgewehren 2 sind Maschinengewehrläufe aus Luftwaffenbeständen eingebaut. An diesen sind entsprechende Stempelungen zu finden, die aber mit der Herstellung des VG-2 nichts zu tun haben.

Abb. 44: Die Kimme besteht aus einem Stück Rundmaterial, das in zwei Federspangen eingeschoben ist. Diese sind mit der Oberseite des Verschlussgehäuses punktverschweißt. Mit einem Schraubendreher kann sie verdreht und damit höhenverstellt werden.

Abb. 45 und 46: Unterschiedliche Position und Größe der Seriennummern an verschiedenen Baureihen des VG-2.

Auffälligste Veränderung während des Herstellungsprozesses war darüber hinaus, dass die Kugel des Kammerstängels bei einigen Stücken geschlossen ist und bei anderen eine Öffnung aufweist. Insgesamt sind anscheinend die frühen Stücke eher mit einem „geschlossenen", die späteren Seriennummernbereiche weitgehend mit „offenen" Kammerstängeln ausgestattet. Dennoch findet sich unter den für dieses Buch untersuchten Waffen eine mit der Seriennummer 6329, die bereits einen Kammerstängel mit Öffnung aufweist und eine mit der Nummer 10688, die noch einen geschlossenen aufweist. Möglicherweise sind also über den ganzen Produktionsverlauf Baugruppen von verschiedenen Zulieferern verbaut worden. Oder es sind in Einzelfällen noch Kammerstängel einer früheren Serie in den späteren Baureihen zum Einsatz gekommen. Eine weitere Fertigungsvariante findet sich am Abdeckblech des oberen Kolbenansatzes im Verschlussgehäuse. Bei den ersten sechs- bis achttausend Exemplaren ist in dieses Blech eine Nut eingeprägt, die als Führung für den Verschlusszylinder beim Zurückziehen dient. Im späteren Verlauf der Produktion ist dieses Blech nur noch glatt.

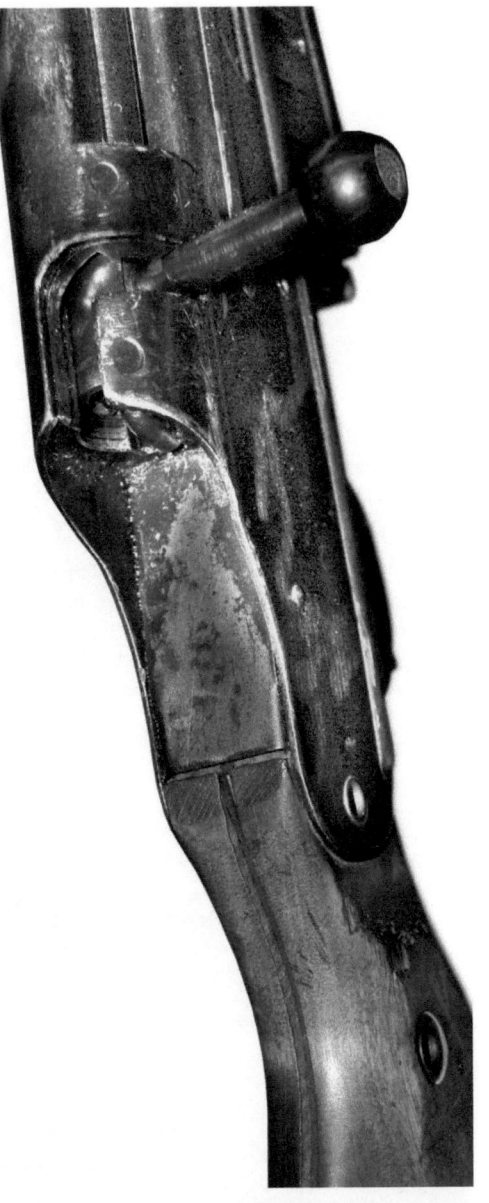

Abb. 47 (oben): VG-2 mit der Nummer 6329 – diese weist den „offenen" Kammerstängel und das flache Abdeckblech auf dem Kolbenhals auf. Waffe: Hans-Peter Schmid.

Abb. 48 (rechts): VG-2 mit der Seriennummer 6301A: Das Abdeckblech auf der Oberseite des Kolbenansatzes weist eine eingeprägte Nut auf. Zu der Waffe gehört ein „geschlossener" Kammerstängel. Foto: Frau Lucia Chura, Merkuria.net.

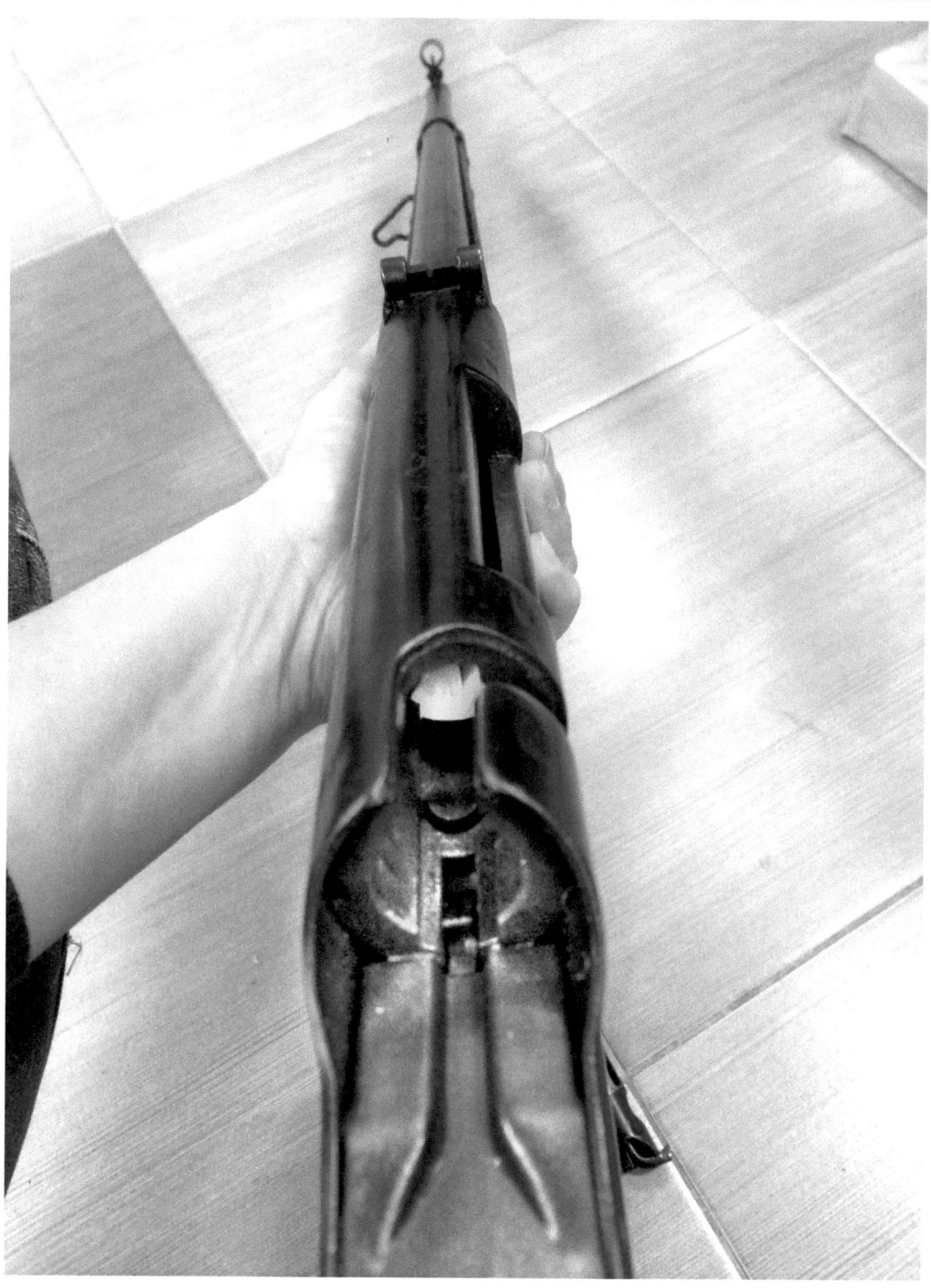

Abb. 49: VG-2 mit der Nummer 6329 mit dem „offenen" Kammerstängel. Waffe: Hans-Peter Schmid.

Abb. 50: VG-2 mit der Seriennummer 6301A: Der Kammerstängel ist „geschlossen". Foto: Frau Lucia Chura, Merkuria.net.

Vom VG-2 dürften insgesamt 16.000 bis 18.000 Stück produziert worden sein. Davon scheinen das Kriegsende nur wenige Exemplare überstanden zu haben, denn sie sind auf dem heutigen Sammlermarkt sehr rar und werden zu entsprechend hohen Preisen gehandelt. Seriennummern existieren sowohl mit als auch ohne Suffix „A". Die Vermutung liegt nahe, dass nach den ersten 10.000 Einheiten, wie üblich, wieder von vorne gezählt und die Nummer mit dem Suffix versehen wurde. Da jedoch auch Seriennummern bekannt sind, die über 10.000 liegen, ist die Vergabe der Seriennummern nicht ohne Weiteres zu entschlüsseln. Ob und wie viele VG-2 an Volkssturm-Einheiten ausgegeben wurden, ist, wie beim VG-1, heute nicht mehr zu belegen.

Abb. 51: Stempelungen auf dem Lauf des VG-2 mit der Seriennummer 6329. Dieser trägt den Code „bky" der Böhmischen Waffenfabrik AG in Prag. Herstellermarke und Abnahmestempel beziehen sich jedoch nur auf den Lauf, einen ehemaligen MG-Lauf aus Luftwaffenbeständen. Mit der Herstellung des VG-2 haben sie nichts zu tun. Waffe: Hans-Peter Schmid.

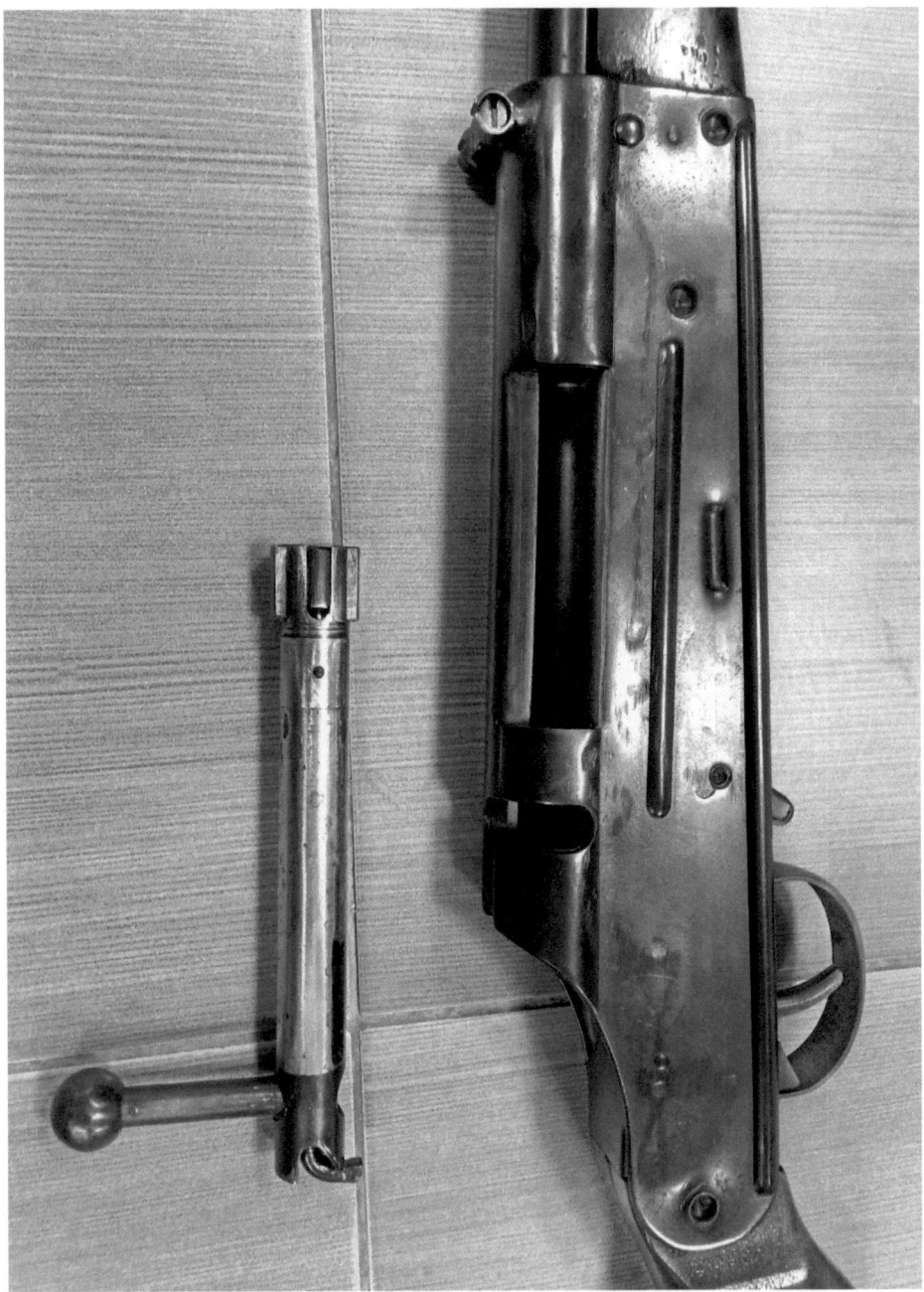

Abb. 52: Die Waffe mit der Nummer 6301A, Verschluss entfernt. Foto: Frau Lucia Chura, Merkuria.net.

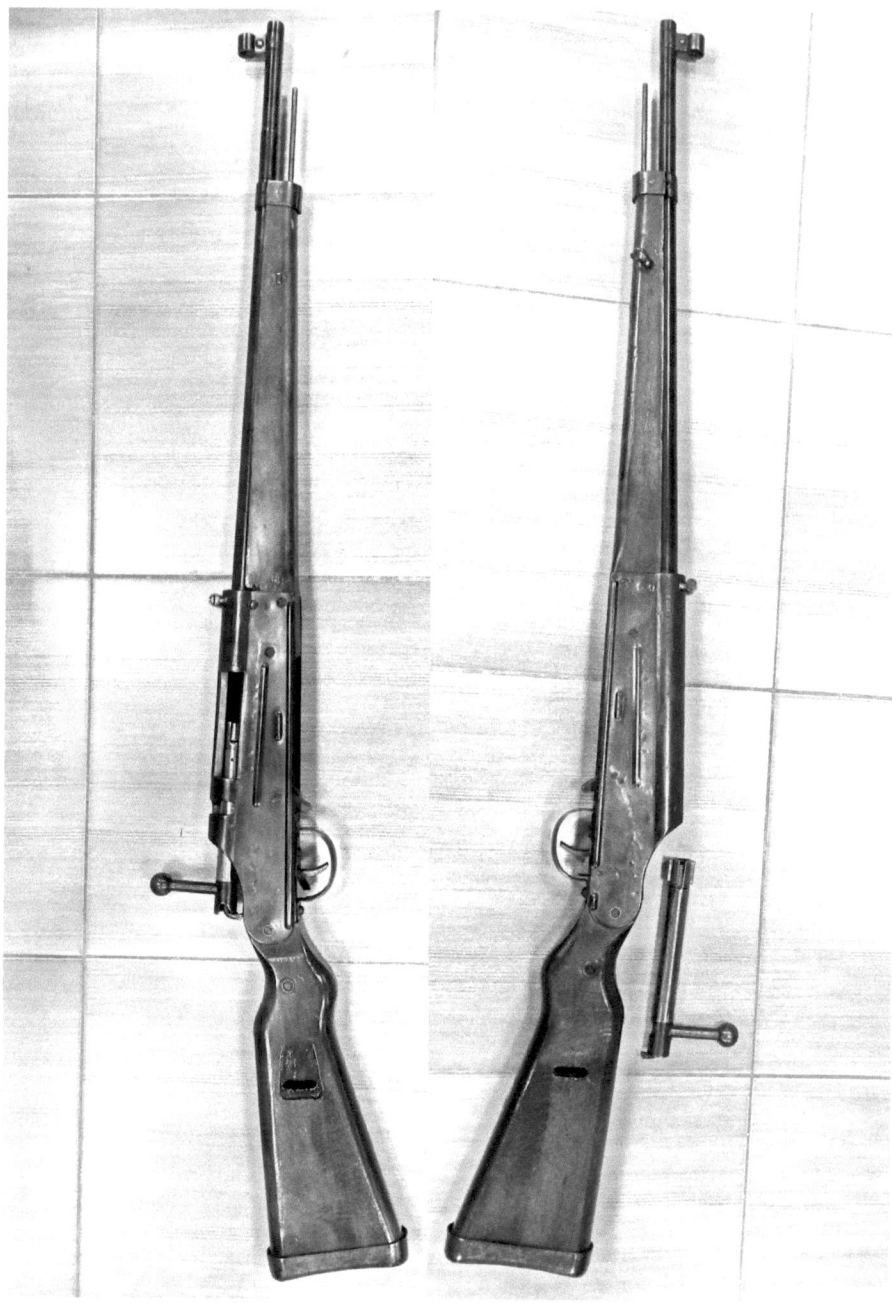

Abb. 53: Das VG-2 Nr. 6301A, Ansicht von links und rechts. Foto: Frau Lucia Chura, Merkuria.net.

Abb. 54: An der Waffe mit der Nummer 6329 findet sich, obwohl bei der Böhmischen Waffenfabrik AG hergestellt, auch das Codezeichen „chd" auf dem Verschlussgehäuse. Dieses gehört zu den DIWAG Werken. Das in Spandau ansässige Unternehmen hat für alle VG-2 die Verschlussgehäuse als Blechprägeteil mit eingeschweißten Verstärkungen (Schlossführung) hergestellt. Waffe: Hans-Peter Schmid.

Abb. 55 und 56: Oben wieder der Stempel „chd", diesmal auf der linken Seite des Verschlussgehäuses angebracht. Dennoch ist auch diese Waffe von den Spreewerken in Grottau hergestellt worden, sie trägt vor der Seriennummer 6301A deren Stempel „cyq". Fotos: Frau Lucia Chura, Merkuria.net.

Abb. 57 und 58: Auch das VG-2 verfügt über eine Abzugsicherung. Auf dem oberen Bild ist der Abzug gesichert, auf dem unteren Bild ist die Waffe feuerbereit.

Abb. 59: Die Waffe mit der Nummer 6301A, Verschluss geöffnet. Foto: Frau Lucia Chura, Merkuria.net.

Abb. 60: Diese Rekonstruktion des VG-3 wurde anhand der einzigen erhaltenen Fotografie hergestellt, auf der der Entwurf von Rheinmetall zumindest verschwommen zu erkennen ist. Dabei wurden alle erkennbaren Merkmale der Auffindesituation berücksichtigt, sogar die Fehlbohrungen im Schaftholz. Auch war die aufgefundene Waffe fälschlicherweise mit dem 30-schüssigen Magazin des Sturmgewehr 44 ausgestattet, statt mit dem gekürzten, 10-Schuss fassenden Magazin.

Volksgewehr 3 (VG-3)

Die am 1. Februar 1945 vom Heereswaffenamt herausgegebenen Technischen Lieferbedingungen (TL) für die Volksgewehre verzeichnen unter dem Kürzel „VG-3" einen Entwurf der Rheinmetall-Borsig AG.[23] Der Konzern mit Stammsitz in Berlin hatte sich bereits an der „Erstausscheidung" im Rennen um einen Auftrag für das Volksgewehr mit einem Prototypen im Kaliber 7,92 x 57 mm beteiligen wollen. Allerdings hatten sie ihre Entwicklungsarbeiten bis zum Beginn der ersten Testreihe in Kummersdorf am 28. Oktober 1944 noch nicht abgeschlossen, sodass ihr Gewehr auch bei der anschließenden Vorführung vor Hitler, Speer und den anderen Nazigrößen fehlte. Erst anlässlich der zweiten Testreihe in Kummersdorf konnten sie ein Gewehr einreichen, das aber wegen einer zu schwachen Schlagbolzenfeder und Problemen beim Auswerfen der verschossenen Patronenhülsen abgelehnt wurde.[24] Leider ist das einzige bekannte Exemplar verschollen, es gibt jedoch Hinweise darauf, dass es in Aussehen und Funktion stark dem Walther-Entwurf, dem späteren VG-1, ähnelte.

Um diese Erfahrung reicher, beteiligte sich Rheinmetall an der vom 15. bis 22. Dezember wiederum in Kummersdorf stattfindenden Testreihe um ein Volksgewehr für die Patrone 7,92 x 33 mm. Ihr Repetierer für die Kurzpatrone gewann die Ausscheidung, denn er absolvierte 2.000 Schuss sowie 20 Gewehrgranaten ohne jegliche Funktionsstörungen.[25] Wieder ähnelte die Rheinmetall-Konstruktion dem Walther-Volksgewehr, wies also einen einteiligen Halbschaft aus einfachem Buchenholz auf, in den ein in Stufen abgedrehter Lauf und ein stark vereinfachter Zylinderverschluss eingebettet waren. Als Magazin kam ein auf zehn Schuss gekürztes Exemplar des Sturmgewehr 44 zum Einsatz.[26] Die große Ähnlichkeit des Rheinmetall VG-3 mit Walthers VG-1 erklärt sich möglicherweise aus der Tatsache, dass Rheinmetall ab Januar 1945 in seinem Werk im thüringischen Sömmerda. Somit liefen zum Zeitpunkt der Entwicklungsarbeiten am VG-3 bereits die Produktionsvorbereitungen für das Walther-Gewehr.[27]

---

[23] Vgl. Pawlas, Waffen Revue 74, S. 49
[24] Vgl. Weaver 2005, S. 185ff
[25] Vgl. Weaver 2005, S. 187f
[26] Vgl. Seidler 1989, S. 199
[27] Vgl. Seidler 1989, S. 198

Somit liegt die Vermutung nahe, dass sich die Rheinmetall-Entwickler vom Walther-Entwurf zumindest inspirieren ließen. Warum nicht von vornherein komplette Baugruppen wie beispielsweise die Abzugseinrichtung unverändert übernommen wurden, um die Fertigung beider Gewehre zu vereinfachen, ist heute nicht mehr zu ergründen.

Die Hauptbeschäftigung Rheinmetalls im Volksgewehr-Projekt hatte bis dahin darin bestanden, die von der Luftwaffe gelieferten Maschinengewehrrohre zu Läufen für die Volksgewehre anderer Hersteller umzuarbeiten. Am 15. Januar 1945 erhielt das Unternehmen dann einen Auftrag für die Herstellung einer Gesamtmenge von zunächst 50.000 Volksgewehren, davon „25.000 Stück Modell Walther und 25.000 Stück Modell Rheinmetall".[28] In den bereits erwähnten TL vom 1. Februar 1945 taucht für das Rheinmetall-Volksgewehr zum ersten Mal die Bezeichnung „VG-3" im offiziellen Schriftverkehr auf.

Über das genaue Aussehen und die technischen Details des VG-3 ist nur wenig bekannt. Im Rahmen der Recherchen für dieses Buch konnte der Autor kein auch nur mit einiger Sicherheit originales Exemplar ausfindig machen. Die einzigen zuverlässigen technischen Informationen über die Beschaffenheit des Rheinmetall-Volksgewehrs für die Kurzpatrone stammt aus dem Bericht einer britischen Prüfungskommission über im Werk Sömmerda vorgefundene Prototypen. Dieses Dokument enthält leider keine Bilder, beschreibt jedoch ein *„Rheinmetall Nr. 4 VG 45 K"* gestempeltes Gewehr recht detailliert:

Kaliber: 7,92 x 33 mm
Funktion: Zylinderverschluss
Gesamtlänge: 880 – 890 mm
Lauflänge: 400 mm
Drall: 4 Züge, rechtsläufig
Gewicht, ohne Verschlusszylinder und Magazin: 3,12 kg
Korn: fehlt
Kimme: fehlt[29]

Der Bericht beschreibt das äußere Erscheinungsbild der Waffe als verkleinerte Version des „bereits bekannten Volksgewehrs", also höchstwahrscheinlich des VG-1. Sie weist einen einteiligen Schaft auf und der Verschlusszylinder fehlt. Der kurze Lauf ist in das röhrenförmig abgedrehte Verschlussgehäuse einge-

---

[28] Vgl. Seidler 1999, S. 198
[29] Vgl. Weaver 2005, S. 189

schrumpft und verstiftet. Der Bereich des Patronenlagers weist nur auf einer Länge von 29 mm die volle Stärke auf, im Gegensatz zum Rohr des VG-1, das an dieser Stelle über eine Länge von 60 mm verdickt ist. Dies wird der kürzeren Patrone geschuldet gewesen sein. Ansonsten verläuft der Lauf über zwei Drittel seiner Länge zylindrisch. Das letzte Drittel weist einen geringeren Durchmesser auf, wohl um das Gewehrgranatgerät aufsetzen zu können. Der Bereich der Mündung weist eine ringförmige Nut zur Aufnahme der Schelle des Kornsattels auf. An dem Fundstück ist aber nur die Schelle vorhanden, das eigentliche Korn fehlt. Das Verschlussstück besteht im Prinzip aus einem nahtlosen Stahlrohr, in das unten eine Öffnung für das Magazin und auf der Oberseite eine zum Auswurf der leeren Patronenhülsen eingeschnitten ist. Im Inneren sind kammerseitig Nuten zur Aufnahme der Verriegelungswarzen des Verschlussstücks eingefräst. An der Unterseite ist ein Kasten aus Stahlblech mit einigen Schweißpunkten befestigt, in dem der Abzugsmechanismus untergebracht ist. Das Verschlussgehäuse ist mit zwei Bolzen im hölzernen Schaft befestigt, der Lauf ist freischwingend in das Schaftholz gebettet. Unter dem Verschlussgehäuse ist ein Magazinkasten aus Stahlblech in das Holz eingelassen. Er weist einen gefederten Schnäpper auf, in den das Magazin einrastet.

Die Waffe war mit einem gekürzten Magazin des Sturmgewehr 44 versehen, das zehn Schuss fasste. Der Abzugsmechanismus war sehr einfach ausgeführt und bestand aus nur zwei beweglichen Teilen, nämlich dem Abzug selbst und einer Schlagbolzenrast, die von einer recht schwach ausgeführten Drahtfeder in Position gehalten wird. An der dem Bericht vorliegenden Waffe ist keine Sicherung vorhanden und an keinen konstruktiven Details erkennbar, dass eine vorgesehen gewesen wäre. An der Schelle des Korns war wohl für die britischen Inspekteure erkennbar, dass ein einfaches Dachkorn vorgesehen war. Als hintere Visiereinrichtung war an der Oberseite des Verschlussgehäuses eine „U"-Kimme für nur eine feste Entfernung angebracht. Die Visierlinie betrug 33,66 cm.[30]

Der Verbleib der von den britischen Inspekteuren untersuchten Waffe ist leider nicht bekannt. Dennoch existiert ein Foto einer vergleichbaren Waffe, die die Rote Armee höchstwahrscheinlich auf dem Heeresversuchsgelände in Kummersdorf erbeutet hat. Leider zeigt das Bild nur die linke Seite der Waffe und ist auch recht unscharf. Interessanterweise fehlt auch an diesem Exemplar der Verschlusszylinder. Allerdings ist hier das komplette Korn vorhanden, das bei der dem britischen Bericht zugrundeliegenden Waffe zumindest in Teilen fehlt. Auf dem russischen Bild ist ein Korntunnel erkennbar.

---

[30] Vgl. Weaver 2005, S. 189f

Abb. 61: Wie alle anderen Volksgewehre war das VG-3 nur halbgeschäftet.

Anhand dieser einzigen bekannten Abbildung eines VG-3 wurde für dieses Buch eine Rekonstruktion erstellt, die in diesem Kapitel abgebildet ist. Dabei wurde das russische Foto so exakt wie möglich ausgewertet und so auch ersichtliche an der Waffe vorhandene Fehler und Beschädigungen übernommen. So weist das Schaftholz im Bereich des Abzugs eine offensichtliche Fehlbohrung auf, die im Verlauf des Fertigungsprozesses sogar angesenkt wurde, wohl zur Aufnahme eines der beiden Haltebolzen, die das System im Schaftholz fixieren. Daneben ist eine weitere Bohrung an der richtigen Stelle ausgeführt, in die dann auch der Haltebolzen eingesetzt ist. Auch ist die Waffe mit einem unverändert 30 Schuss fassenden Magazin des Sturmgewehr 44 ausgestattet, das eigentlich nicht für das VG-3 vorgesehen war.[31] Ob es sich damit bei der auf dem russischen Foto abgebildeten Waffe um einen Prototypen handelt, oder aber um Ausschuss, der von möglicherweise ungelerntem Personal unter den hastigen Produktionsbedingungen der letzten Kriegstage verursacht wurde, ist heute nicht mehr feststellbar.

---

31 Vgl. Weaver 2005, S. 188

VG-3

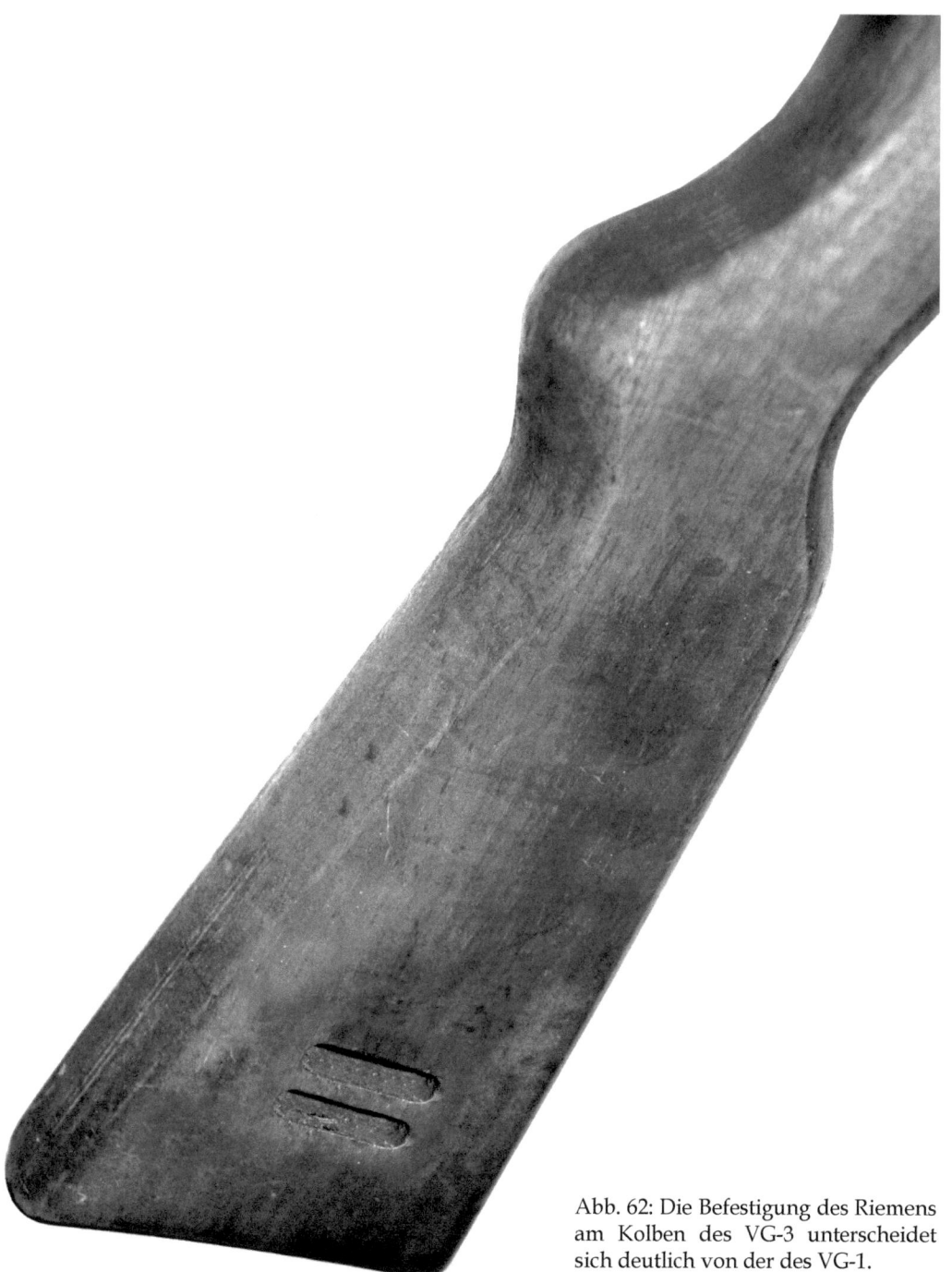

Abb. 62: Die Befestigung des Riemens am Kolben des VG-3 unterscheidet sich deutlich von der des VG-1.

Abb. 63: Das VG-4 der Firma Mauser. Über das mit dem werksinternen Codenamen „V-Gustav" bezeichnete Projekt ist heute nur noch wenig bekannt.

Volksgewehr 4 (VG-4)

Auch die Mauser-Werke gehörten zu dem Kreis der Unternehmen, die zur Konzeption eines Volksgewehr-Entwurfes aufgefordert worden waren.[32] Der Oberndorfer Traditionshersteller hatte sich bereits in den Jahren zuvor verstärkt mit Fertigungsvereinfachungen an seinem Erfolgsmodell, dem Karabiner 98k, beschäftigt. Somit mussten seine Konstrukteure gedanklich keine völlig neuen Wege beschreiten, sondern konnten vielmehr auf bereits vorhandene Detaillösungen zurückgreifen.

Bekanntestes Produkt der Sparanstrengungen Mausers ist die „Kriegsmodell" genannte Ausführung des Wehrmachtskarabiners 98k. Sie wurde Ende 1944 eingeführt und weist erheblich gröbere Fertigungsspuren auf, als die in „besseren Zeiten" hergestellten Exemplare. Darüber hinaus besteht der Schaft meist aus minderwertigerem Holz. Die Vereinfachungen waren allerdings noch viel weitreichender – folgende Teile wurden komplett eingespart: Bajonettaufnahme, Putzstock, Druckplatte (Zerlegehilfe für den Verschluss), Schlossführungsleiste, Haltefeder des Laufbandes und die Schraubensicherung der Magazinbodenplatte.[33]

Ursprünglich war Mauser bei den Vorschlägen für die Vereinfachung des deutschen Ordonnanzgewehrs noch weiter gegangen. So hatte der Kammerstängel fortan gerade und nicht gebogen ausgeführt werden sollen. Außerdem wollte man die Visierung stark vereinfachen und auf Schussweiten bis maximal 500 m begrenzen. Auch der aufwendig zu fertigende, bislang birnenförmige Lauf sollte sich fortan in Abstufungen zur Mündung hin verjüngen. Diese Pläne waren vom Heereswaffenamt bis dahin noch abgelehnt worden, da man eine wehrkraftzersetzende Wirkung auf die Berufssoldaten befürchtete.[34] Des ungeachtet hatten die Oberndorfer Ingenieure die dahingehenden Entwicklungsarbeiten jedoch fortgesetzt und den Karabiner 98k auf das absolute Minimum reduziert, das ein Militärgewehr aus ihrer Sicht leisten musste.

---

[32] Vgl. Pawlas, Waffen Revue 74, S. 49
[33] Vgl. Schmid 1998, S. 1409
[34] Vgl. Seel 1995, S. 112ff

Die Resultate ihrer Arbeiten, die Modelle 98v, 98vr, 98wv und 98kv, unterschieden sich schon rein äußerlich stark vom 98k mit seiner charakteristischen Silhouette. Denn die reduzierten Modelle wiesen nur noch eine Halbschäftung auf, einen äußerlich grob abgedrehten Lauf sowie weder Laufbänder noch Schaftkappen. Auch der Verschluss war stark vereinfacht worden und die Visierung nur noch auf Schussweiten bis 300 m ausgelegt. Obwohl die Arbeiten an diesen vereinfachten 98ern nachweislich bis Mitte April 1945 weitergeführt wurden, haben diese Entwürfe dennoch nichts mit den von Mauser vorgelegten Volksgewehren zu tun.[35] Wie es im Unternehmen zu diesen zweigleisig laufenden Entwicklungswegen kam, ist heute nicht mehr nachvollziehbar. Möglicherweise lag es daran, dass der Karabiner 98 für die Wehrmacht, das Volksgewehr aber für die paramilitärische Organisation der Partei, den Volkssturm, vorgesehen war.

Aus welchen Gründen auch immer: Die Entwicklung der Volksgewehre oblag bei Mauser einer ganz eigenen Abteilung. Für die Kummersdorfer Tests am 28. und 29. Oktober 1944 legte das Unternehmen dann auch einen Entwurf für die Standardpatrone 7,9 mm vor. Werksinterner Codename für das Projekt war „V-Gustav". Das Werk erhielt seinen Prototypen mit Verbesserungswünschen und mutmaßlich auch Beschädigungen zurück, und seine Ingenieure machten sich sogleich daran, die Waffe an die neuen Anforderungen anzupassen. Bis zu der nachfolgenden Vorführung der Volksgewehr-Prototypen vor Hitler scheinen sie damit nicht fertig geworden zu sein, denn anlässlich dieses Termins wird der Mauser-Entwurf nicht erwähnt.

Wohl aber gelang es Mauser, zwei Prototypen seines Entwurfes für das vom 15. bis 22. Dezember 1944 in Kummersdorf stattfindende nächste Testverfahren wieder einzureichen. Ob beide Ausführungen identisch waren, ist nicht bekannt, jedoch waren beide für die Normalpatrone 7,9 mm ausgelegt. Als Magazin kam, wie bei den Entwürfen der Mitbewerber, das des K 43 zum Einsatz. Die Ergebnisse unterschieden sich nicht wesentlich von denen der Mitbewerber, denn einer der Prototypen verfeuerte 2000 Schuss Gewehrmunition und 20 Gewehrgranaten ohne jegliche Funktionsstörungen. Der andere hielt immerhin 300 Schuss aus, jedoch brach nach der fünften Gewehrgranate der Schaft.[36] Dies war dessen stark vereinfachter Konstruktion geschuldet. Wie bereits gezeigt wurde, war dies jedoch auch bei den anderen Ausschreibungsteilnehmern kein unbekanntes Problem.

---

[35] Vgl. Schmid 1999, S. 876
[36] Vgl. Weaver 2005, S. 198

Die Testverfahren brachten für Mauser allerdings auch weitere Materialprobleme mit sich. Denn an den Prototypen zeigte sich nach den harten Belastungstests, dass die gegen Kriegsende verfügbaren Stähle bei den jeweils an die Untergrenze gebrachten Materialstärken Festigkeitsprobleme aufwiesen. So enthüllt der werksinterne Prüfbericht Nr. 353.0/368, dass es infolge der Tests zu Rissbildung an gehärteten Verschlussteilen kam. Diese führten die Ingenieure auf die mangelnde Festigkeit des verwendeten gering vergüteten Stahls zurück, der unter der Bezeichnung „50 Si 5" auf der Liste der kriegswichtigen Rohstoffe geführt wurde. Sie verglichen diesen „Kriegsstahl" mit dem zuvor verwendeten St. 0 60.61 und kamen zu dem Schluss, dass die Probleme auf den verwendeten minderwertigen Stahl zurückzuführen waren.

In einer werksinternen Aktennotiz unter der Nr. 3847 wird dann unter Punkt 1 zum Mauser VG für die Normalpatrone 7,9 mm vermerkt, dass von der finalen Ausführung mittlerweile sechs Exemplare hergestellt wurden. Von diesen seien zwei, eines mit und eines ohne verstärkten Verschluss, vom Heereswaffenamt mit je 20 Gewehrgranaten probegeschossen worden. Sogar das Gewehr ohne verstärkten Verschluss habe dieser Dauerbelastung standgehalten. Allerdings sei bei dem Modell mit verstärktem Verschluss in mehreren Fällen der Kammerstängel gebrochen, wenn der Verschluss gewaltsam geöffnet wurde. Die nicht verstärkte Ausführung habe das Testverfahren in Kummersdorf insgesamt erfolgreich absolviert und sei dort zurückgelassen worden. Fortan solle jedoch das Gewinde des Kammerstängels von 8 mm auf 10 mm vergrößert werden.[37]

Im Vergleich mit den Produkten seiner Mitbewerber konnten die Mauser-Prototypen bei den Tests insgesamt nicht überzeugen, denn, wie bereits gezeigt, bevorzugten die zuständigen Entscheider den von den Walther-Werken vorgelegten Entwurf. Allerdings fand das Mauser-Volksgewehr wieder starke Unterstützer auf lokaler Ebene, in diesem Falle die Leiter der Gaue Baden und Württemberg, Robert Heinrich Wagner und Wilhelm Murr.[38] Offenbar hatten im Januar 1945 die jeweiligen Gauleiter die Entscheidungsfreiheit, für ihren Zuständigkeitsbereich eigenmächtig die Einführung eines bestimmten Standard-Volksgewehrs zu beschließen. Dieses Machtvakuum nutzten in diesem Fall die süddeutschen Parteifürsten, um ein Produkt eines lokalen Marktführers zu bevorzugen. Natürlich ließ sich ein solcher Beschluss durchaus argumentativ belegen, da durch eine Regionalisierung der Volksgewehrproduktion lange Liefer- und Kommunikationswege vermieden wurden. In einem nahezu besiegten Land mit weitge-

---
[37] Vgl. Weaver 2005, S. 198
[38] Vgl. Weaver 2005, S. 203

hend zerstörter Infrastruktur ein durchaus schlagkräftiges Argument. Auf offizieller Ebene schien man dies ähnlich zu sehen, denn schließlich wird in den am 1. Februar 1945 herausgegebenen „Technischen Lieferbedingungen für Volksgewehre" das Mauser-Modell als „VG-4" geführt. Allerdings liegen über nennenswerte Produktionszahlen oder gar die Ausgabe an Volkssturmeinheiten keine Belege vor. Da auch nicht ein einziges bis in die heutige Zeit erhaltenes VG-4 für die Normalpatrone bekannt ist, dürfte es nicht zu einer Serienproduktion oder einem Einsatz dieser Waffe gekommen sein.

Auch der Verbleib der insgesamt sechs Mauser-Prototypen ist leider nicht überliefert. Wie sie ausgesehen haben könnten, ist heute nur noch zum Teil rekonstruierbar. So liegen für Lauf und Verschluss noch die originalen Mauser-Fertigungszeichnungen vor. Basierend darauf werden nebenstehend die Hauptbestandteile des Verschlusses schematisch dargestellt. Für den Schaft ergeben sich Indizien aus einem anderen Volksgewehr-Projekt Mausers, denn neben dem VG für die Standardpatrone entwarf Mauser auch ein Minimalgewehr für die Kurzpatrone des Stgw 44. Dazu vermerkt die zuvor zitierte Mauser-Aktennotiz 3847 unter Punkt 2, dass das am 17. Januar 1945 an das OKH übermittelte Volksgewehr für die Patrone 7,9 mm kurz in den gleichen Schaft montiert wurde, wie der Prototyp für die Normalpatrone, der den Belastungstest mit 20 Gewehrgranaten unversehrt überstanden hatte. Von Mausers Entwurf für die Kurzpatrone ist mindestens ein Exemplar erhalten, das sich heute im „Museum im Schwedenbau" der Stadt Oberndorf a.N. befindet. Es trägt die Seriennummer „V103".

Bei Mausers Volksgewehr-Entwurf für die Patrone 7,9 x 33 scheint es sich um eine entsprechend verkleinerte Ausgabe seines Prototypen für die Normalpatrone zu handeln. Der zuvor zitierten Aktennotiz zufolge, könnte der Schaft sogar mit dem des „großen Bruders" identisch sein. Entsprechend der verwendeten Patrone ist jedoch der Magazinschacht für die Aufnahme des Stgw 44-Magazins ausgelegt. Das System

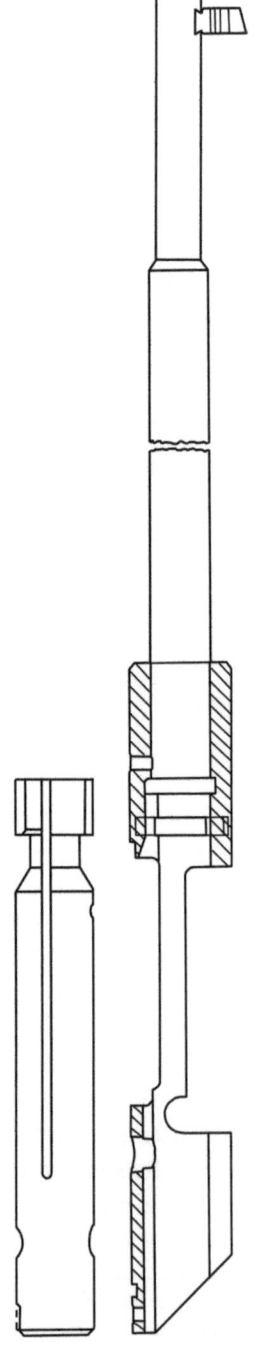

scheint, verglichen mit dem zuvor erwähnten Zeichnungssatz, in seinen konstruktiven Details dem des „V-Gustavs" zu entsprechen und lediglich den geringeren Abmessungen und der schwächeren Treibladung der Kurzpatrone angepasst zu sein. Allerdings fehlt bei der vorliegenden Waffe der Verschlusszylinder. Über Fertigungszahlen oder Einsatzhistorie des Mauser-VGs für die Kurzpatrone liegen keine Hinweise vor.

Abb. 64: Das letzte bekannte VG-5 von Steyr mit der Seriennummer 8101. Waffe freundlicherweise zur Verfügung gestellt von Herrn Hans-Peter Schmid.

Volksgewehr 5 (VG-5)

Laut den „Technischen Lieferbedingungen für Volksgewehre" existierte noch ein fünftes Volksgewehr. Dieses ordnet das Dokument der österreichischen Waffenschmiede Steyr zu.[39] Ein weiteres Mal stellt sich die Frage, warum über die ursprüngliche Führerentscheidung für das VG-1 von Walther und die Volksmaschinenpistole der Firma Gustloff hinaus dieser weitere Entwurf realisiert wurde. Wieder ist die Quellenlage dürftig, sodass darüber nur Mutmaßungen angestellt werden können. Tatsache ist jedoch, dass Steyr seit dem Anschluss der Alpenrepublik an das Reich in die Rüstungsproduktion eingebunden war und auch den Karabiner 98k herstellte. Darüber hinaus war das Unternehmen ungewöhnlich gut an die Partei und SS-Hierarchien angebunden. Ebenso bestanden gute Verbindungen zu den Mauser-Werken.[40] Ein Blick auf die Karte zeigt darüber hinaus, dass Österreich gegen Ende 1944 unmittelbar vom Feind bedroht war und somit hohe Priorität auf der Bewaffnung der dortigen Volkssturm- beziehungsweise Standschützenbataillone gelegen haben muss.

Es bestehen Hinweise darauf, dass Steyr sich an der Ausschreibung um ein Volksgewehr für die Standardpatrone 7,92 mm beteiligen wollte und hastig begann, einen Prototyp auf Basis eines radikal vereinfachten 98er-Systems zu konstruieren. Hierbei erwies sich die gute Vernetzung mit den Mauser-Werken als Vorteil, denn bereits zu einem frühen Zeitpunkt erhielt der österreichische Hersteller Hinweise, welche Vereinfachungsvorschläge für den Karabiner 98k in den Monaten zuvor vom Heeresamt abgelehnt worden waren. Steyr berücksichtigte diese Warnungen in seinem Entwurf. Jedoch deutet die Tatsache, dass an der ersten Testreihe in Kummersdorf kein Steyr-VG teilgenommen hat, darauf hin, dass das Unternehmen seine Entwicklungsarbeiten nicht rechtzeitig hat abschließen können.

Steyr hat sich allerdings an der Ausschreibung um ein Volksgewehr für die 7,92 mm Kurzpatrone beteiligt. Denn im Dezember 1944 hat das Unternehmen mit einem entsprechenden Prototyp an den Ausscheidungstests teilgenommen. Der Entwurf war jedoch wegen eines Schaftbruchs nach dem Abfeuern der vierten

---

[39] Vgl. Pawlas, Waffen Revue 74, S. 49
[40] Vgl. Weaver 2005, S. 207

Gewehrgranate aus dem Rennen gegangen.[41] Über Beschaffenheit und Aussehen dieses Gewehrs liegen heute keine Belege mehr vor. Als sich jedoch die alliierten Panzerspitzen immer weiter den Landesgrenzen näherten, mögen sich die hiesigen Parteifunktionäre des Steyr-Entwurfs erinnert haben und im Werk nach der Möglichkeit kurzfristiger Produktion aus Schrottsystemen angefragt haben. Zu welchem Zeitpunkt genau die Entscheidung zur Herstellung eines Volksgewehrs auf Basis des 98er-Systems bei Steyr fiel, ist heute nicht mehr zu klären. Fest steht jedoch, dass gegen Ende Januar 1945 die Produktion bei Steyr bereits lief.

Dies beweist ein Schreiben des Leiters des Gaus Oberdonau vom 25. Januar 1945 an den Reichsminister für Rüstung und Kriegsproduktion, Albert Speer.[42] Darin meldet der Parteifunktionär dem Minister, dass Steyr zum Ende des laufenden Monats die ersten 500 Volkskarabiner fertigstellen wird. Der Wortlaut des Dokuments ist in der Abschrift rechts wiedergegeben.

Das Schreiben ist in mehrfacher Hinsicht aufschlussreich. Zunächst einmal macht es deutlich, in welchem Umfang die Produktion des VG-5 bei Steyr gegen Ende Januar 1945 bereits angelaufen war und welche Fertigungszahlen für die folgenden Monate erwartet wurden. Bemerkenswert ist weiterhin, dass es mit Gauleiter Eigruber die Partei ist, die Speer über die zu erwartenden Produktionszahlen bezüglich des Volkskarabiners in Kenntnis setzt. Auch wurde offensichtlich parteiintern von Gauleiter zu Gauleiter beschlossen, die ersten fertiggestellten Gewehre nach Oberschlesien zu liefern, wo die militärische Situation zu diesem Zeitpunkt bereits sehr viel dramatischer als in Österreich war.

Was dann zunächst als „Volkskarabiner 98" oder „VG-5" die Fabrikhallen verließ, unterschied sich noch nicht allzu sehr von einem „Kriegsmodell" des 98k, das auch schon in den Monaten zuvor gefertigt worden war. Augenfälligstes Unterscheidungsmerkmal war jedoch der um etwa 15 cm gekürzte Vorderschaft, der die Waffe auf den ersten Blick wie ein halbgeschäftetes Jagdgewehr aussehen ließ.

Abb. 65: Abschrift des Fernschreibens von Gauleiter August Eigruber an Rüstungsminister Speer vom 25. Januar 1945.

---

[41] Vgl. Weaver 2005, S. 208
[42] Vgl. Weaver 2005, S. 208

Fernschreiben!

Der Gauleiter und Reichsstatthalter

Linz, d. 25.1.1945

An den
Reichsminister für Rüstung und Kriegsproduktion
Parteigenosse S p e e r

B e r l i n W 8

Betr.: Volkskarabiner.Steyr.

Zu Ihrem Schriben [sic] vom 18.1.1945 M. 3893/45 teile ich Ihnen mit, daß die Abnahmebedingungen beim Steyr Volkskarabiner, die für das Volksgewehr vorgesehen sind, entsprechen. 3 Volkskarabiner wurden bereits vom Gen.Dir. Dr. Meindl samt Skizzen und technischen Daten nach Berlin gesandt. Die Produktion ist bereits im Fluß. Am 25., also morgen, werden die ersten 500 C Volkskarabiner fertiggestellt. Ich bin in der Lage, jeden Tag ab 26.1. 650 Karabiner mit 31 ds. Mts. zu liefern. Die Produktion im Februar wird voraussichtlich über 15.000 Volkskarabiner betragen. Oberschlesien erhält die ersten Volkskarabiner. Ich habe alles mit Gauleiter Bracht vereinbart.

H e i l H i t l e r !

Ihr gez. E i g r u b e r

Abb. 66: Halbschaft eines Volkskarabiners aus einer der frühen Baureihen. Die Waffe trägt die Seriennummer 1513. Der Schaft besteht aus qualitativ hochwertigem Schichtholz und ist im Kolben mit der gefrästen Aufnahme des Gewehrriemens versehen. Als vorderer Riemenbügel ist eine Drahtöse angebracht. Als Zerlegehilfe für das Schloss ist eine Bohrung am Rand der Schaftkappe angebracht.

Abb. 67: Das Loch für den Putzstock wurde mithilfe eines eingeleimten Holzdübels verschlossen. Das ist der Beweis, dass es sich bei den frühen für den Volkskarabinder verwendeten Schäften um Ausschuss aus der 98k-Produktion handelt. Die Waffe weist die Seriennummer 5699 auf – damit liegt sie im mittleren Bereich der ersten Serie.

Dennoch handelte es sich zunächst noch um originale 98er-Schäfte, die lediglich wegen Fabrikationsfehlern aus der Produktion ausgeschieden waren. Ein Hinweis dafür ist die noch vorhandene Bohrung für den Putzstock. Sie wurde durch einen eingeleimten Holzdübel nachträglich verschlossen. Die Druckplatte zum Zerlegen des Schlosses auf der rechten Schaftseite entfiel jedoch zugunsten einer Bohrung am umgebördelten Rand der Schaftkappe, die die gleiche Funkti-

Abb. 68 und 69: Eine aus Draht gebogene Schlaufe bildet den vorderen Riemenbügel. Sie verläuft in einer Bohrung durch den Schaft und ist auf der anderen Seite über einer Unterlegscheibe umgebogen.

on erfüllte. Da aufgrund der entfallenen Laufbänder auch der vordere Riemenbügel fehlt, weist der Schaft die von den anderen Volksgewehren bekannte Behelfslösung auf: Ein aus starkem Draht gebogener Bügel ist durch eine Bohrung in den Schaft geführt und auf der anderen Seite über einer Unterlegscheibe umgebogen. Auch die für den Volkskarabiner verwendeten Läufe stammten zunächst noch aus der 98er-Produktion. Auch sie weisen die groben Bearbeitungsspuren und Formgebung auf, die bereits vom Kriegsmodell bekannt sind.

Abb. 70: Das Korn wurde mithilfe eines Schweißpunktes am Lauf fixiert. Daher wurde die Mündung einige Zentimeter weit aufgebohrt, um Ungenauigkeiten zu vermeiden.

Die Verschlüsse bestehen zunächst noch aus vollständigen 98er-Systemen mit gebogenem Kammerstängel. Lediglich die Gasentlastungsbohrungen sind zur Fertigungsvereinfachung rund und nicht mehr oval ausgeführt und die Führungsschiene am Verschlusszylinder wurde abgedreht. Bei ganz frühen Exemplaren finden sich sogar noch gefräste Magazinkästen mit dem Stempel „byf" der Mauser-Werke.[43] Alle Baugruppen der Waffe sind häufig, aber nicht zwingend, mit dem Stempel „V" als Ausschuss gekennzeichnet.[44] Die Visierung wurde stark

Abb. 71 und 72: Abgeänderter MG-Lauf aus Luftwaffenbeständen. Dieser wurde bereits abgedreht und mit einem neuen Gewinde versehen. Dennoch wurde er nie in ein Volksgewehr eingebaut – wahrscheinlich kam dem das Kriegsende zuvor.

---

[43] Vgl. Schmid 1998, S. 1411
[44] Vgl. Schmid 1998, S. 1413

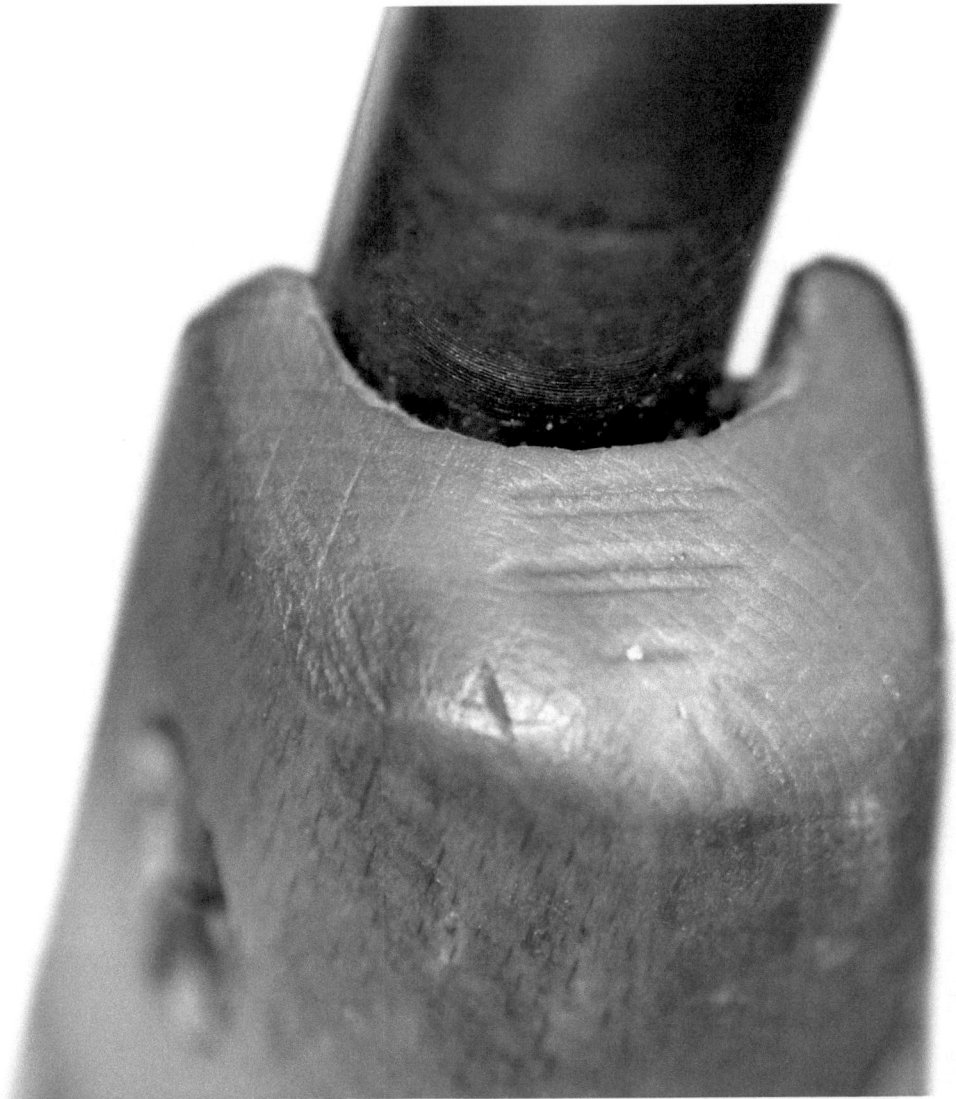

Abb. 73: Sobald die aus der Produktion ausgesonderten 98er-Schäfte aufgebraucht waren, wurden Brettschäfte direkt für die VG-5 gefertigt. Bei diesen ist kein Loch für den Putzstock mehr sichtbar. Diese Waffe trägt die Nummer 1171 und ist damit ein früher Vertreter der zweiten Serie.

vereinfacht: Sie besteht aus einem Balkenkorn, für das ein Blechband um den Lauf gewickelt, an der Oberseite zu einem Korn gefaltet und mit einem Schweißpunkt am Lauf fixiert wurde. Damit durch möglichen thermischen Verzug die Waffe nicht ungenau schoss, wurde die Mündung rund 3,5 Zentimeter weit eingesenkt, also auf 10 mm aufgebohrt. Die Kimme ist per Schwalbenschwanz in die Verschlusshülse eingeschoben, sie weist keine weitere Verstellmöglichkeit auf. Frühe Ausführungen dieses Behelfskarabiners sind im Normalfall nummerngleich – das früheste bekannte Exemplar trägt die Seriennummer 1513. Sie tragen das Herstellerzeichen „bnz 45" oben auf der Hülse sowie das Steyr-Wappen und Beschussmarken auf dem Lauf.

Abb. 74 und 75: Das Abzugszüngel ist gut gearbeitet und entspricht dem des 98k. Der Abzugsbügel dagegen besteht, wie bei den anderen Volksgewehrtypen, aus einem gebogenen und grob ins Schaftholz eingelassenen Blechstreifen.

Im weiteren Verlauf der Produktion lässt die Fertigungsqualität des Volkskarabiners immer weiter nach. Im mittleren Seriennummernbereich erscheinen die ersten Exemplare mit den von den anderen Volksgewehren bekannten MG-Läufen aus Luftwaffenbeständen. Die Systeme weisen zunehmend Bearbeitungsspuren auf, sind aber zunächst noch, abgesehen von den eingangs genannten Vereinfachungen, vollständig. Später treten aber auch gerade neben den gebogenen Kammerstängeln auf. Dabei handelt es sich jedoch nicht, wie oft irrtümlich angenommen, um verbliebene Schlösser von „langen" Gewehren 98, sondern um 98k-Systeme, bei denen zur Fertigungsvereinfachung der Kammerstängel nicht gebogen wurde.

Die MG-Läufe wurden schließlich zum Standard. Die verwendeten Schlossteile sind heterogen: Viele weisen die groben Bearbeitungsspuren der Endkriegsproduktion auf, vereinzelte können jedoch durchaus eine feine Oberflächenbearbeitung aufweisen – diese sind dann wegen schlechter Passungen oder nicht maßhaltiger Toleranzen als Ausschuss gekennzeichnet und deshalb in die Volksgewehrproduktion gegeben worden.

Bei einigen Exemplaren wurde nunmehr der Druckbolzen im Schlösschen eingespart, da er für die Funktion des Gewehres nicht dringend notwendig war. Die Ausfräsung dafür ist allerdings noch vorhanden. Meist ist stattdessen noch eine V-förmige Nut in den Rand der Verschlusszylinders eingefräst, um dem Schlösschen beim Verdrehen zumindest eine notdürftige Raste zu bieten. Der Magazinkasten und sein Deckel bestehen fortan aus Blechprägeteilen, auch ist seine Verschraubung meist nur noch mit Körnerschlägen anstelle von Sicherungsschrauben gesichert. Der Abzugsbügel ist nicht mehr Bestandteil des Magazinkastens, sondern im Stil der anderen Volksgewehre separat aus einem Blechstreifen gefertigt, grob ins Schaftholz eingelassen und mit zwei Schrauben befestigt.

Abb. 76: Der früheste bekannte VK-98, der die Werkshallen der Firma Steyr mit der Seriennummer 1513 verließ, weist noch ein vollständiges Schlösschen mit funktionsfähigem Druckbolzen auf.

Abb. 77: Die Waffe mit der Nummer 4693 ist dem mittleren Bereich der zweiten Serie zuzuordnen. Auch hier ist der Druckbolzen noch vorhanden, jedoch ist er außer Funktion gesetzt, da in das Ende des Verschlusszylinders eine Kerbe eingefräst wurde, in die das Schlösschen nun einrasten kann.

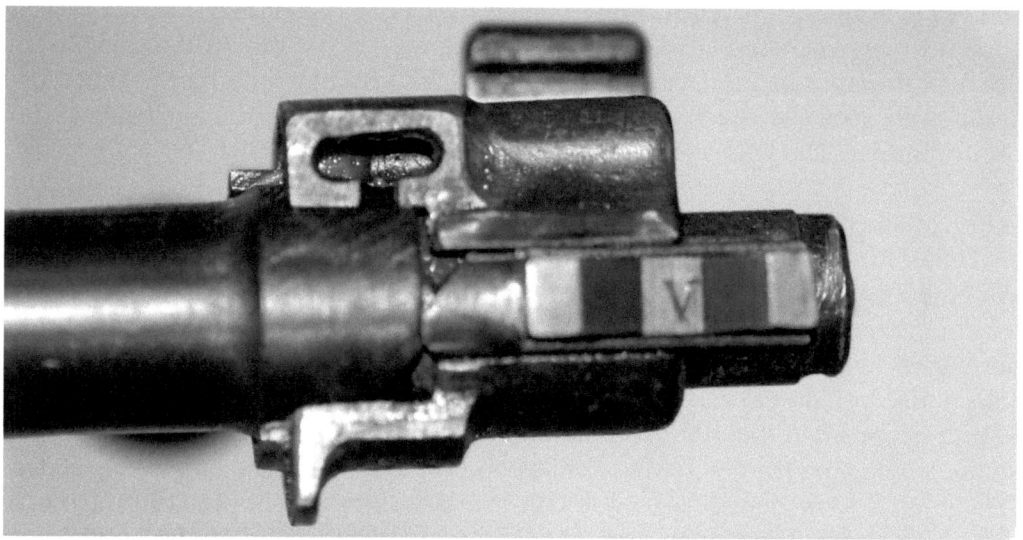

Abb. 78: Ein VK-98, der mit der Nummer 1171 am Anfang der zweiten Serie steht, weist noch die Aussparung für den Druckbolzen auf, jedoch ist das Element bereits nicht mehr eingebaut worden. Hier ist auch die Stempelung „V" angebracht worden, um das Bauteil als Ausschuss zu kennzeichnen.

Abb. 79: Am letzten bekannten Steyr VG-5 mit der Seriennummer 8101 ist nicht einmal mehr die Ausfräsung für den Druckbolzen vorhanden. Das Schlösschen weist eine sehr grobe Oberfläche auf – es scheint nach dem Schmiedevorgang nur an den Funktionsflächen nachbearbeitet worden zu sein.

Die letzte Stufe der Vereinfachung stellen die Fertigungsreihen dar, die in den letzten Kriegswochen das Werk verließen. Sie weisen die mit Abstand gröbsten Bearbeitungsspuren auf. Der Druckbolzen im Schlösschen fehlt hier bei allen bekannten Exemplaren, auch ist bei einigen nicht einmal mehr die Ausfräsung dafür vorhanden. Die höchste bekannte Seriennummer lautet 8101.

Wie groß die Not des österreichischen Waffenfertigers in diesen Tagen war, zeigt ein Schaft für den VK-98, der aus dieser Zeit erhalten ist.[45] Hierbei handelt es sich um eine Komponente, in die zwar höchstwahrscheinlich nie ein Lauf oder System montiert worden ist, die aber dennoch fertig bearbeitet ist – davon zeugen der bereits installierte Abzugsbügel sowie der bereits vorhandene Feinschliff, insofern man von einem solchen bei den niedrigen Anforderungen der Endkriegsfertigung sprechen möchte. Auffälligstes Detail dieses Schaftes ist jedoch: Es ist keine Ausfräsung für einen Magazinkasten vorhanden. Damit sollten die letzten Gewehre, die vor dem Kriegsende das Werk verlassen sollten, wohl nur noch Einzellader sein. Dies steht dem Führerbeschluss vom Herbst 1944 entgegen, nach dem Einzellader als nicht kriegsverwendungsfähig eingestuft wurden.

---

[45] Vgl. Schmid 1998, S. 1415

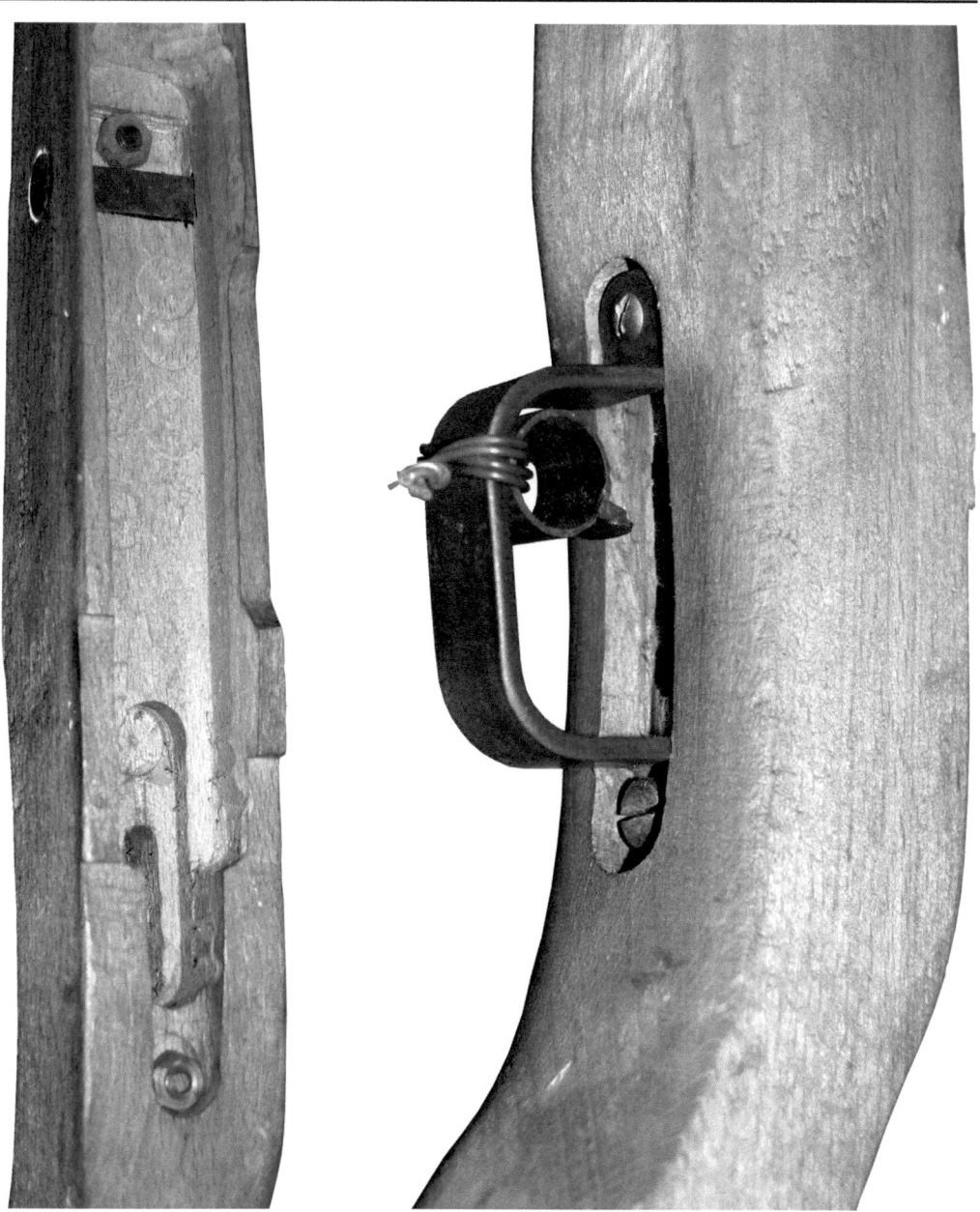

Abb. 80 und 81: Ein Rohschaft für den VK-98, in den offenbar nie ein System oder Lauf eingebaut wurde. Lediglich der Abzugsbügel und der vordere Riemenhalter sind bereits montiert. Es fällt auf, dass trotz der offenbar erfolgten Endbearbeitung keine Aussparung für den Magazinkasten eingefräst wurde – sollte hier ein Einzellader entstehen?

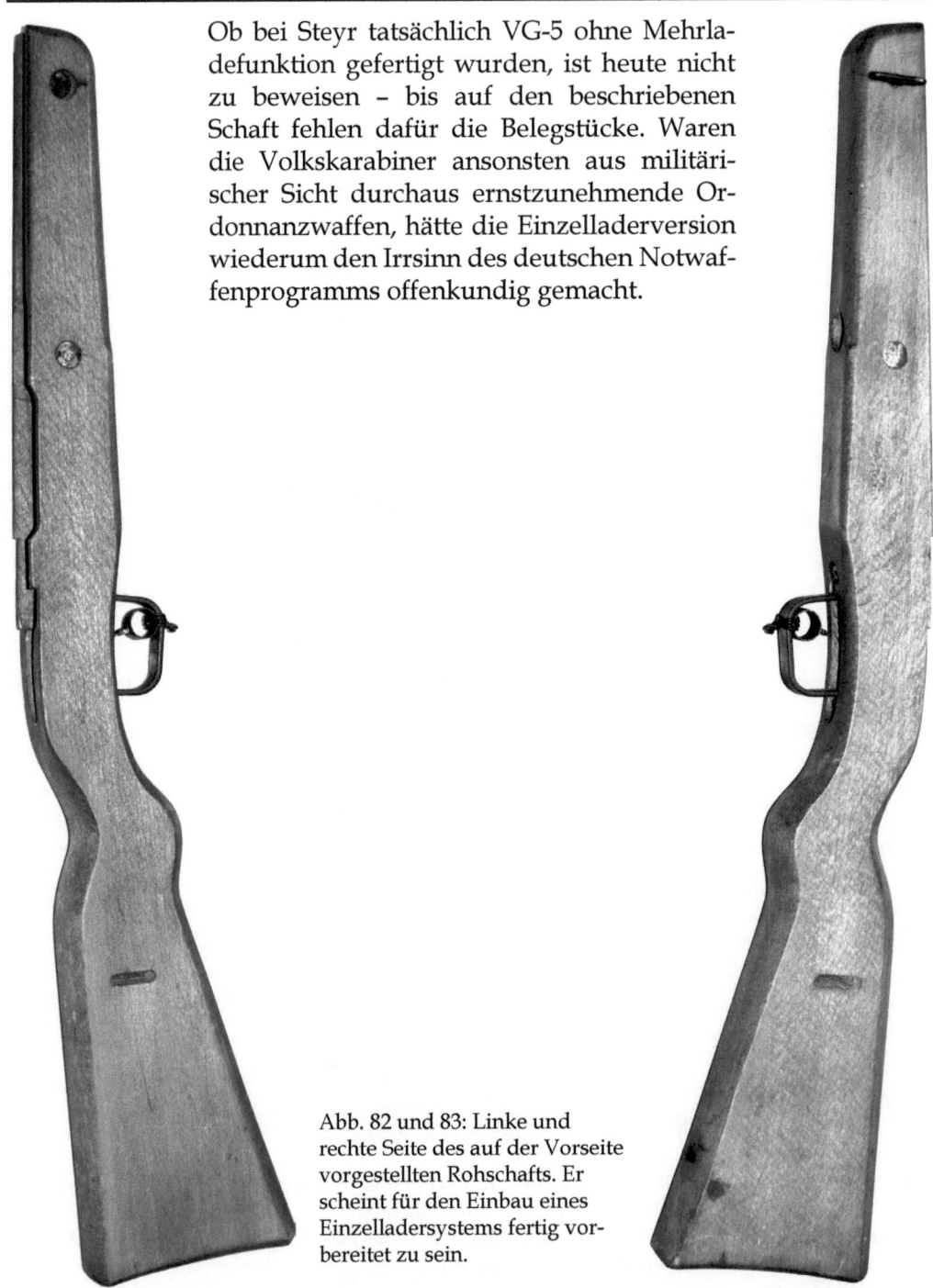

Ob bei Steyr tatsächlich VG-5 ohne Mehrladefunktion gefertigt wurden, ist heute nicht zu beweisen – bis auf den beschriebenen Schaft fehlen dafür die Belegstücke. Waren die Volkskarabiner ansonsten aus militärischer Sicht durchaus ernstzunehmende Ordonnanzwaffen, hätte die Einzelladerversion wiederum den Irrsinn des deutschen Notwaffenprogramms offenkundig gemacht.

Abb. 82 und 83: Linke und rechte Seite des auf der Vorseite vorgestellten Rohschafts. Er scheint für den Einbau eines Einzelladersystems fertig vorbereitet zu sein.

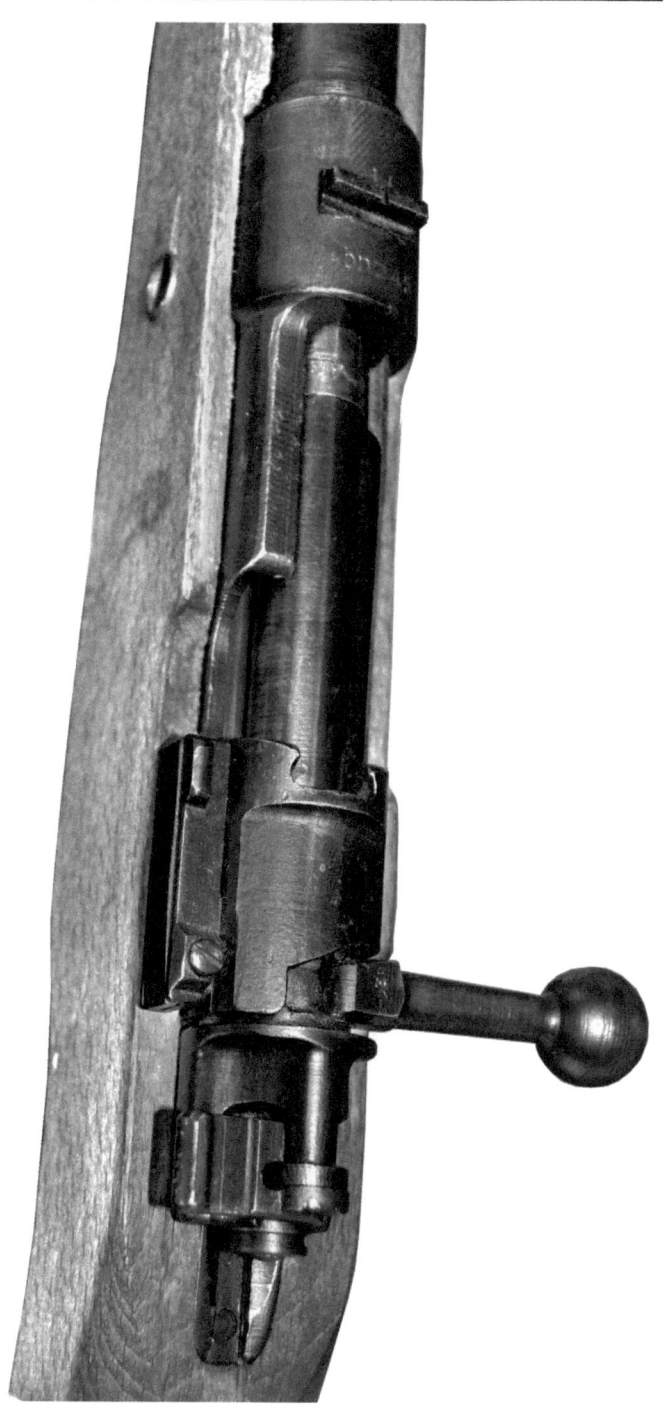

Abb. 84: VK-98 mit der Seriennummer 4693. Draufsicht auf den Verschluss.

Abb. 85: Waffe mit der Seriennummer 1171. Der Kammerstängel ist bereits nicht mehr gekrümmt, der Verschluss nicht nummerngleich. Der Verschlusszylinder weist starke Bearbeitungsspuren auf. Am Schlösschen dagegen sind zum Teil die Gesenkspuren entfernt.

Abb. 86: Hier wieder die Waffe mit der Nummer 8101 aus der späten Produktion. Dieses Exemplar ist nummerngleich, der Verschlusszylinder ist hier besser versäubert, dafür wurde das Schlösschen mit groben Gesenkspuren verbaut.

Abb. 87: Der Herstellercode „bnz" der Steyr-Werke sowie das Fertigungsjahr sind meist oben auf der Verschlusshülse eingeschlagen.

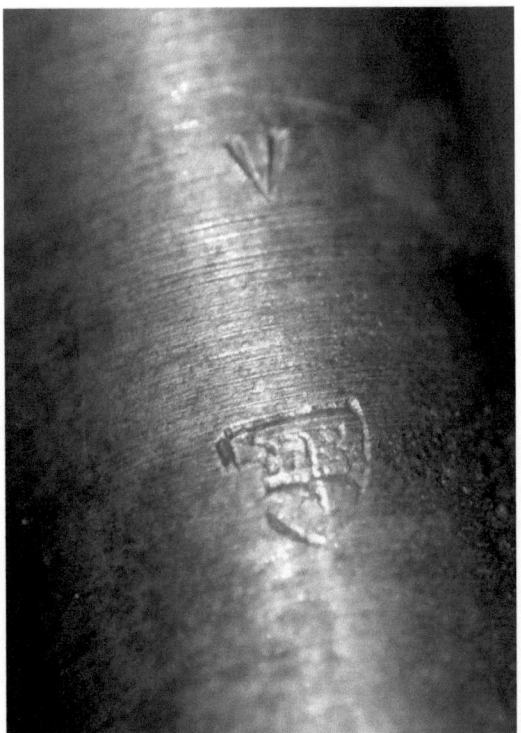

Abb. 88: Auf diesem Lauf findet sich das Steyr-Wappen sowie der Buchstabe „V" als Zeichen für Ausschuss.

Abb. 89, 90, 91, 92: Abschließend sind hier die Seriennummernstempel der in diesem Kapitel behandelten Waffen dargestellt. Oben 1171, auf der rechten Seite die der Waffen 1513, 4693 und 8101.

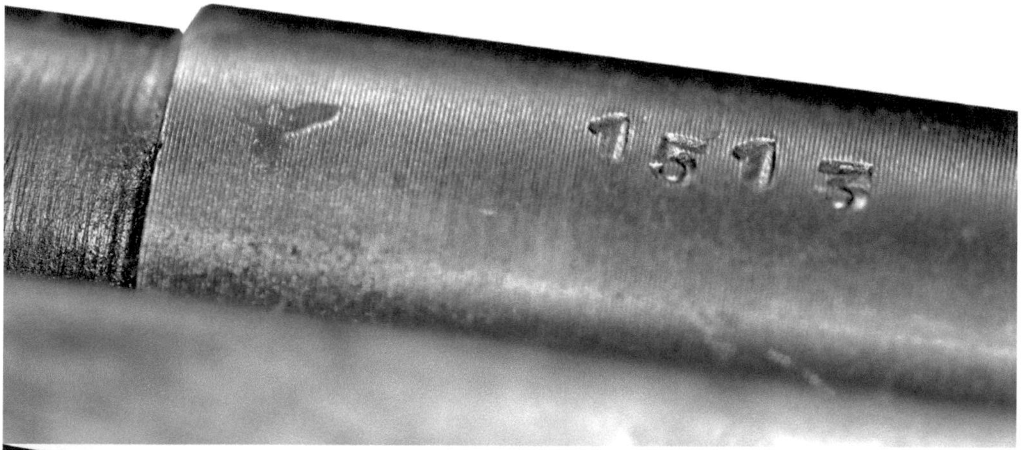

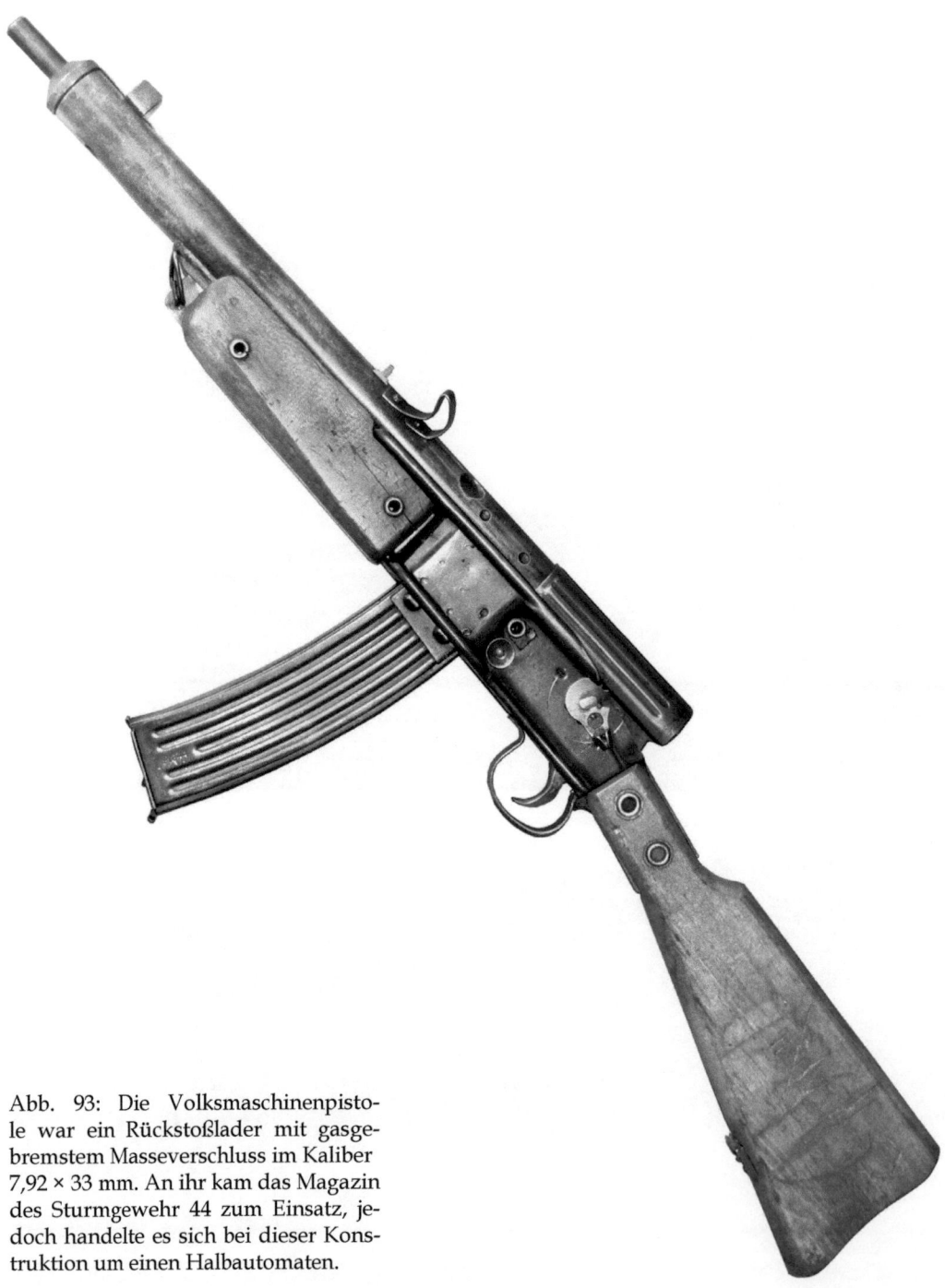

Abb. 93: Die Volksmaschinenpistole war ein Rückstoßlader mit gasgebremstem Masseverschluss im Kaliber 7,92 × 33 mm. An ihr kam das Magazin des Sturmgewehr 44 zum Einsatz, jedoch handelte es sich bei dieser Konstruktion um einen Halbautomaten.

Volksmaschinenpistole (Gustloff)

Mitte Juli 1944 hatte die „Sonderkommission Infanteriewaffen" im Reichsministerium für Rüstung und Kriegsproduktion verschiedene Maßnahmen angestoßen, um die Produktion der MP-44 zu steigern. Wesentlicher Teil davon war, die Konstruktion zu vereinfachen, um dadurch die Herstellung zu beschleunigen. Dazu gab die Kommission entsprechende Entwicklungsaufträge an mehrere Waffenhersteller. So auch die „Nationalsozialistische Industriestiftung" Wilhelm Gustloff Werke, die zugunsten des neuen Projektes ihre bisherigen Sturmgewehr- oder Maschinenkarabiner-Entwicklungsprojekte MP-508 und MP-507 einstellen sollten. Beide hatten auf dem neuen Denkansatz eines unverriegelten Rückstoßladers mit Gasdruckbremse basiert.[46]

Die MP-508 war im Prinzip eine MP-44, die zum Rückstoßlader mit Gasdruckbremse modifiziert worden war. Diese war von der SK Infanteriewaffen abgelehnt worden, weil sie im Vergleich zum Original keine wesentliche Vereinfachung oder Verbesserung darstellte. Die MP-507 war eine im Vergleich zur MP-44 stark vereinfachte Neukonstruktion, die mit dem bereits eingeführten Sturmgewehr nur noch das Magazin gemein hatte. Sie bestand aus Blechprägeteilen und Stahlrohren und absolvierte einen von der SK anberaumten 1000-Schuss Test ohne nennenswerte Funktionsstörungen.[47] Dass die Kommission das Projekt dennoch stoppte, lag höchstwahrscheinlich daran, dass die Wehrmacht die negativen psychologischen Auswirkungen dieser kruden Einfachwaffe auf die Berufssoldaten fürchtete.

Als jedoch am 29. September 1944 von den Waffenherstellern Vorschläge nicht nur für Einzel- und Mehrlader mit Zylinderverschluss, sondern auch halbautomatische Waffen gefordert wurden, entsann man sich bei Gustloff seiner bereits amtlich getesteten MP-507. Sogleich begann man dort, den ursprünglichen Entwurf für die Verwendung beim Volkssturm fertigungstechnisch noch weiter zu vereinfachen. Dabei entfiel beispielsweise die Wahlmöglichkeit für Dauerfeuer, da die Ausschreibung nur eine halbautomatische Funktion forderte.[48]

---
[46] Vgl. Handrich 1993, S. 117ff
[47] Vgl. Handrich 2008, S. 434ff
[48] Vgl. Senich 1998, S. 174ff

Insgesamt hatte Gustloff jedoch mit seinem fertig entwickelten Halbautomaten einen entscheidenden Vorsprung vor seinen Mitbewerbern, die nun unter Hochdruck in kürzester Zeit einen militärisch verwendbaren Entwurf realisieren mussten.

Bei den einleitenden Tests und nicht zuletzt der Vorführung vor Hitler setzte sich das Gustloff Gewehr gegen seine Konkurrenten dann auch durch und wurde zusammen mit dem Walther-Repetierer als Volkssturmwaffe angenommen.[49] Zunächst scheint die Produktion des Halbautomaten jedoch zurückgestellt worden zu sein, denn in den Folgemonaten sind immer, wenn im amtlichen Schriftverkehr vom „Volksgewehr" die Rede ist, eindeutig nur die Repetierer gemeint. Der Gustloff-Entwurf wurde offiziell als „Volksmaschinenpistole" geführt. Entsprechend beziehen sich die „Technischen Lieferbedingungen für Volksgewehr", die das Heereswaffenamt am 1. Februar 1945 herausgab, lediglich auf die bereits behandelten Volksgewehre 1 bis 5, nicht aber auf das Gustloff-Gewehr.[50]

„Volksgewehr 1-5" oder „Volksgewehr 45"?

Anhand der „Technischen Lieferbedingungen für VG" lässt sich möglicherweise auch die Frage klären, wie sich, höchstwahrscheinlich erst nach Kriegsende, die Bezeichnungen „Volksgewehr 1-5" oder „Volksgewehr 45" für die „Volksmaschinenpistole" einbürgern konnte. In den TL wie auch anderem amtlichen Schriftverkehr der letzten Kriegsmonate wird nämlich mehrfach von den zu realisierenden Volksgewehren als „VG 1-5" gesprochen, also den „Volksgewehren 1 bis 5". Sollte diese Formulierung nach dem Krieg von den alliierten Übersetzern als Bezeichnung für den Gustloff-Entwurf missverstanden worden sein?[51] Offiziell wurde das Projekt nahezu überall als „Volksmaschinenpistole" geführt, weil es sich doch um einen Selbstlader handelte – und diese waren, wie im Fall der „MP-44" bis dahin immer „Maschinenpistole" oder, wie im Fall von Haenels MKb 42H, „Maschinenkarabiner" genannt worden.

Das Verriegelungssystem der Volksmaschinenpistole wurde unter der Federführung des Gustloff-Chefkonstrukteurs Karl Barnitzke entwickelt. Es basierte auf einem Masseverschluss, der durch den Gasdruck der verwendeten Kurzpatrone verzögert wird. Dabei leiten Gasentnahmebohrungen nahe der Mündung des Laufs den Druck in das Stahlrohr, das den Lauf wie ein Mantel umschließt und gegen den Druck der Schließfeder nach hinten gleiten kann.

---

[49] Vgl. Seidler 1999, S. 196
[50] Vgl. Pawlas, Waffen Revue 74, S. 49
[51] Vgl. Weaver 2005, S. 228

Abb. 94: Mithilfe des Spanngriffs kann der bewegliche Laufmantel nach hinten verschoben werden, um die Waffe durchzuladen und zu spannen.

Abb. 95: Ungewöhnlich: Der Spanngriff besteht aus einem gebogenen Blechstreifen, der an den Laufmantel genietet ist.

Im hinteren Ende dieses Rohrs ist der Verschluss angebracht. Der nach vorne wirkende Gasdruck in dem Stahlrohr verzögert den Rücklauf des Systems, bis das Geschoss die Laufmündung verlassen hat – der sofortige Druckverlust erlaubt den Rücklauf des Laufmantels und damit den Auswurf der Hülse und das Zuführen der nächsten Patrone aus dem Magazin. Nur so konnte das Prinzip eines unverriegelten Verschlusses für die starke Kurzpatrone 43 angewendet werden.[52] Ein vergleichbares Funktionsprinzip verwendete Walther für seinen Entwurf einer Volkspistole. Auch hier sollte eine wenig stabil konstruierte Waffe aus Blechprägeteilen eine starke Patrone – in diesem Fall die Pistolenpatrone 9 x 19 mm Parabellum – mithilfe eines unverriegelten Masseverschlusses mit Gasdruckbremse verkraften.[53] Mit einer Gesamtlänge von nur rund 88,5 Zentimeter war die Volksmaschinenpistole sehr kompakt, wies aber in ungeladenem Zustand mit 4,27 Kilogramm ein respektables Gewicht auf. Die Lauflänge lag bei lediglich 38 Zentimetern.[54] In Verbindung mit dem einfachen Standvisier und

---

[52] Vgl. Handrich 1993, S. 120f
[53] Vgl. Weaver 2005, S. 307ff
[54] Vgl. Senich 1998, S. 176

Abb. 96: Der an den späteren Baureihen eingesetzte Sicherungshebel. Der durch das Fenster erkennbare Buchstabe „S" oder „F" gibt jeweils an, ob sich die Waffe in gesichertem oder feuerbereitem Zustand befindet.

der kurzen Visierlinie waren gezielte Schüsse somit nur auf Distanzen unter 100 Metern möglich, insbesondere für die wenig geübten Schützen des Volkssturms. Interessanterweise ist bei einigen wenigen erhaltenen Stücken der Lauf um einige Zentimeter länger als bei der Standardausführung. Der Grund dafür ist unbekannt. Möglicherweise wurden an diesen Waffen Läufe verbaut, die von Zulieferern von der Norm abweichend gefertigt wurden.

Frühe Exemplare der Volksmaschinenpistole sind an der Magazinhalterung in Form einer langen Blattfeder, die an der rechten Seite des Verschlussgehäuses angenietet ist, erkennbar. Diese Art der Arretierung scheint sich in der Praxis nicht bewährt zu haben, denn schon bald wurde sie durch einen gefederten Kipphe-

Abb. 97: Die vordere Befestigung des Abzugsbügels ist genietet, die hintere geschweißt – insgesamt merkt man dem Aufbau der Waffe an, dass sie unter Zeitdruck konzipiert wurde.

Abb. 98: Der Gewehrriemen ist am Kolben anstelle eines Riemenbügels mithilfe eines Blechstreifens fest mit der Waffe vernietet. Dies erschwert eine mögliche Demontage zu Reinigungszwecken ebenso wie den Ersatz im Rahmen einer Reparatur. Dies kann als Hinweis darauf gewertet werden, dass für die Waffen nur mit einer kurzen Einsatzdauer gerechnet wurde.

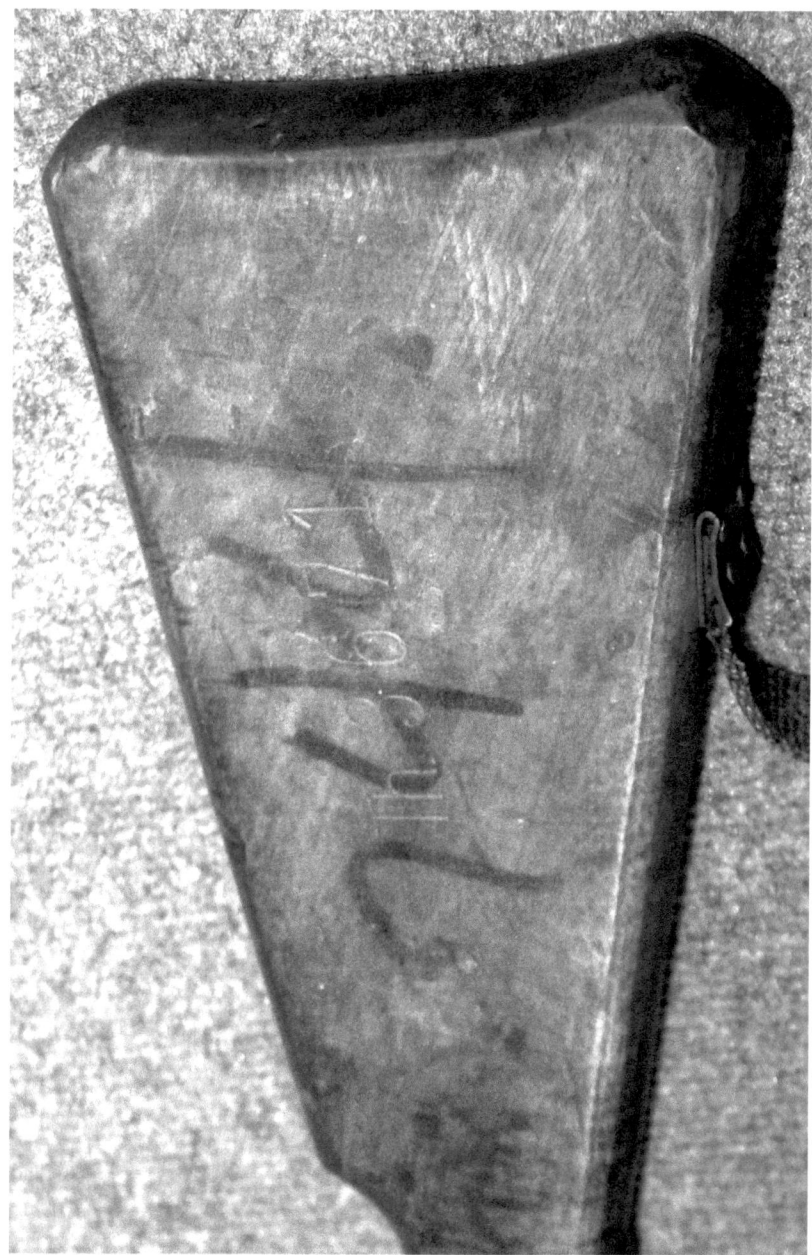

Abb. 99: Unter der mit Fettstift auf den Kolben geschriebenen Zahl ist die in 14 mm großen Buchstaben eingeschlagene Seriennummer „3671" zu erkennen. Davor das Kürzel „Th", darunter die Punze „RA100". Bei sehr frühen Exemplaren sind die Zahlen der Seriennummern nur 6 mm groß.

bel ersetzt, vergleichbar mit der Magazinsperre des Sturmgewehrs 44.[55] Ein weiteres Unterscheidungsmerkmal der frühen Fertigungsreihen ist der Sicherungshebel. Er war zunächst aus dem Vollen gearbeitet und verdeckte den jeweils nicht Zutreffenden der beiden Buchstaben „S" („gesichert") und „F" („feuerbereit"), die in das Blech des darunterliegenden Gehäusedeckels eingeprägt waren. An den späteren Ausführungen und damit dem Großteil der erhaltenen Exemplare findet sich ein aus Stahlblech geprägter Sicherungshebel. Er weist ein ausgestanztes rundes Fenster auf, durch das nunmehr anhand des betreffenden Buchstaben zu erkennen ist, ob die Waffe gesichert oder feuerbereit ist. [56]

Die meisten Volksmaschinenpistolen scheinen mit dunkelgrau phosphatierter Oberfläche ausgeliefert worden zu sein. Einige wenige erhaltene Exemplare sind schwarz lackiert, wobei es sich dabei tatsächlich um die originale Oberflächenbearbeitung zu handeln scheint. Andere Stücke haben auch „weißfertig", also ohne jeden Oberflächenschutz ihre Fertigungsstätte verlassen.[57] Diese könnten möglicherweise aus den letzten Kriegstagen stammen.

Hersteller unbekannt
Bei welchen Herstellern die Volksmaschinenpistole gefertigt wurde, ist unbekannt. Keines der erhaltenen Exemplare weist einen Buchstabencode oder gar ein Firmenzeichen auf, das einen Hinweis darauf geben würde. An den meisten bekannten Stücken wurde eine Seriennummer auf der linken Seite des Kolbens ins Holz eingeschlagen, oft mit dem vorangestellten Kürzel „Th". Letzteres weist auf den Herstellungsort hin, nämlich den Reichsgau Thüringen, für den die Partei die Fertigung der Waffe auch genehmigt hatte.

---

[55] Vgl. Weaver 2005, S. 233
[56] Vgl. Weaver 2005, S. 231
[57] Vgl. Meyer 1996, S. 23

Abb. 100 und 101: Volkssturmmänner in einer Maschinengewehrstellung an der Oderfront. Der Zugführer, auf der linken Seite noch einmal vergrößert dargestellt, trägt eine Volksmaschinenpistole. Quelle: Bundesarchiv 183-J28787.

Ob dies jedoch im Gustloff-Stammwerk in Suhl, in deren Niederlassung im KZ Buchenwald oder in über den ganzen Gau verteilten Kleinbetrieben erfolgte, ist nicht nachweisbar. Lediglich der bei vielen Stücken in der Nähe der Seriennummer eingeschlagene Stempel „RA 100" wird als Kürzel des Schaftherstellers gedeutet – ein Hinweis auf zumindest eine dezentrale Herstellung dieses Bauteils.[58] Die bekannten Seriennummern betragen zwischen „101" bis „9901", was als Beweis für die tatsächlich erfolgte Fertigung von rund 10.000 Volksmaschinenpistolen gewertet wird. Dies deckt sich mit einer Aussage des Gustloff-Chefkonstrukteurs Barnitzke, der nach dem Krieg zu Protokoll gab, dass genau diese Stückzahl gefertigt worden sei.[59] Zeitgenössische Fotos belegen, dass die Volksmaschinenpistole in den letzten Kriegswochen tatsächlich zum Einsatz gekommen ist. Damit ist die Frontverwendung dieser Waffe im Vergleich zu allen anderen Volksgewehren am besten dokumentiert. Den höchsten Bekanntheitsgrad hat das auf diesen Seiten gezeigte Bild, in dem ein Volkssturmangehöriger in ei-

---

[58] Vgl. Weaver 2005, S. 235
[59] Vgl. Weaver 2005, S. 237f

Abb. 102 und 103: Jetzt haben die Volkssturmmänner den Blick wieder in Richtung Feind gewandt. Neben dem Zugführer ist deutlich der charakteristische Laufmantel seiner Volksmaschinenpistole zu erkennen. Auf der linken Seite wieder in vergrößerter Darstellung. Quelle: Bundesarchiv 183-J28732.

ner Stellung der Oder-Front eine Volksmaschinenpistole trägt. Auffällig ist, dass alle fünf Männer einheitlich uniformiert sind und der rechte, ältere Mann im Schützenloch zusätzlich die Volkssturm-Armbinde trägt. Der Mann mit der Volksmaschinenpistole ist durch seine Kragenspiegel korrekt als Zugführer des Volkssturms gekennzeichnet. Der im Vordergrund stehende Mann trägt eine Pistole am Koppel und scheint Offizier zu sein. Darüber hinaus verfügen die Männer über ein MG-42 und einen Karabiner mit Zielfernrohr – also eine für den Volkssturm ungewöhnlich gute Ausstattung.

Handelt es sich somit um ein Propagandafoto? Dem steht die Bildsprache der Aufnahme entgegen, denn die Männer im Schützenloch wirken verunsichert und scheinen sich geradezu hilfesuchend an den vor ihnen stehenden Offizier zu wenden – dies ist untypisch im Vergleich zu den gegen Kriegsende zur Stärkung des Durchhaltewillens der Bevölkerung veröffentlichten Fotos. Vielmehr könnte es sich um eine tatsächlich den Planungen entsprechend aufgestellte Volkssturmeinheit handeln, die aus dem mehrere Hundert Kilometer entfernten Suhl noch mit Volksmaschinenpistolen beliefert wurde.

Abb. 104: Die Abschlusskappe ist gegen versehentliches Öffnen durch eine Blattfeder gesichert.

Abb. 105: Die vordere Abschlusskappe ist mit dem Laufmantel durch einen Bajonettverschluss verbunden. Innen liegen direkt dahinter die vier Entnahmebohrungen im Lauf, durch die der Gasdruck in das Rohr entweicht.

Abb. 106: Der Vorderschaft ist mit Hohlnieten an einem gefalteten Blechstreifen befestigt. Auf diesem gleitet eine Nutschiene, die mit dem Laufmantel verschweißt ist – eine zusätzliche Führung für das beim Schuss nach hinten gleitende Element.

Abb. 107: Der Vorderschaft besteht aus zwei an den Kanten grob gerundeten Brettstücken.

Abb. 108: Die Haltung der Abzugshand beim Schuss entspricht eher der an einem Gewehr als an einer Maschinenpistole. Die Waffe hatte durch die Verwendung des Magazins des Stgw 44 zwar die Silhouette eines Sturmgewehrs, erlaubte aber nur halbautomatisches Feuer. Dadurch wurde sie zu einem Zwitter in der bis dahin erfolgten Entwicklung automatischer und halbautomatischer Gewehre.

Volksgewehre

Abb. 109 (links): Der Kolben war, ähnlich wie der Vorderschaft, mit zwei Hohlnieten am Verschlussgehäuse befestigt. Wieder besteht das Holzelement lediglich aus einem Brettzuschnitt, dessen Kanten grob gerundet sind.

Abb. 110 (rechts): Der Übergang des Schaftholzes an das Verschlussgehäuse ist nur recht grob angepasst. Alle Oberflächen weisen Bearbeitungsspuren auf.

Volksgewehre

Abb. 111 und 112 (links): Der Magazinschacht ist auf beiden Seiten mit je neun Schweißpunkten innen im Verschlussgehäuse befestigt.

Abb. 113 (rechts): Das Magazin des Sturmgewehr 44 passt genau.

Abb. 114: Das „Gerät Potsdam" stellte eine exakte Kopie der britischen Sten Mk II dar. Die deutsche Version entstand unter Federführung der Mauser-Werke.

Gerät Potsdam

Im Gegensatz zu der zuvor beschriebenen Volksmaschinenpistole von Gustloff hatten die heute häufig als Volkssturmwaffen eingestuften Maschinenpistolen „Gerät Potsdam" und „Gerät Neumünster" keine Verbindung zu Hitlers letztem Aufgebot.[60] Denn alle zuvor beschriebenen Langwaffen waren explizit zur Verwendung im Volkssturm konzipiert und gefertigt worden. Hitler hatte sogar untersagt, sie an reguläre Wehrmachtseinheiten auszugeben, da er befürchtete, sie könnten einen demoralisierenden Einfluss auf die Soldaten haben.

Die zwei im Folgenden beschriebenen Maschinenpistolen entstanden vielmehr im Rahmen der deutschen Bestrebungen, ihre Produktion von Waffen für die Wehrmacht so weit zu vereinfachen, dass die Fertigungszahlen trotz Rohstoffmangels und zusammenbrechender Infrastruktur weiter gesteigert werden konnten. Die bis dahin bei der Wehrmacht als Standard geführte Maschinenpistole MP-40 hatte sich zwar an allen Fronten bewährt, erwies sich jedoch gegen Kriegsende als zu aufwendig in der Herstellung.

In dieser Notlage entsann man sich der Tausenden von erbeuteten britischen Sten Maschinenpistolen, die bis dahin als zu primitiv angesehen worden waren, um sie als Beutewaffen an die eigenen Soldaten ausgeben zu können. Da zu diesem Zeitpunkt große Mengen an Munition im Kaliber 9 mm Parabellum zur Verfügung standen, prüfte man die britischen Maschinenpistolen aufs Neue, befand sie nunmehr als verwendbar und führte sie als MPi 748 (e) (Sten Mk I) und MPi 749 (e) (Sten Mk II) bei der Wehrmacht ein.[61]

Im Anschluss gingen die Beschaffungsbehörden noch einen Schritt weiter und beauftragten im Herbst 1944 die Firma Mauser damit, unter der Tarnbezeichnung „Gerät Potsdam" rund 28.000 exakte Kopien der britischen Konstruktion zu fertigen. Lediglich die Abmessungen der Waffe sollten auf das metrische System umgestellt werden, um sie den deutschen Fertigungswerkzeugen anzupassen.[62] Der geplante Verwendungszweck der Kopien ist nicht mehr eindeutig festzustellen, einige Quellen deuten darauf hin, dass sie an Agenten oder Sondereinheiten

---

[60] Vgl. Handrich 1993, S. 392
[61] Vgl. Heber 2008, S. 94
[62] Vgl. Weaver 2005, S. 258ff

wie die „Brandenburger" ausgegeben werden sollten. Belastbarer sind jedoch die Hinweise, dass sie, wie die erbeuteten britischen Originale, an Wehrmachtsangehörige ausgegeben werden sollten. Von Mauser scheinen bis zum Zusammenbruch noch rund 15.500 Exemplare des Geräts Potsdam hergestellt worden zu sein. Über deren Verwendung liegen jedoch nahezu keine Unterlagen vor. Eine kleine Anzahl davon scheint jedoch in die Hände von Angehörigen des Deutschen Volkssturms gelangt zu sein. Ob diese allerdings offiziell an die Volksmiliz ausgegeben wurden oder dies in den Tagen der Auflösung zufällig geschehen war, ist unbekannt.

Abb. 115: Das Gerät Potsdam war, trotz seiner groben Verarbeitung, eine einsatzfähige Waffe. Ihre Zuverlässigkeit und Schussleistung dürfte in etwa der ihres britischen Vorbilds entsprochen haben.

Abb. 116 und 117: Die Fertigungsqualität des Geräts Potsdam entspricht der der Volksgewehre: Grobe Bearbeitungsspuren wie Riefen und Rattermarken, nicht egalisierte Schweißnähte und große Toleranzen.

Abb. 118: Der Magazinschacht des Geräts Potsdam mit Magazinhalterung, Spanngriff, Korn und Auswurffenster.

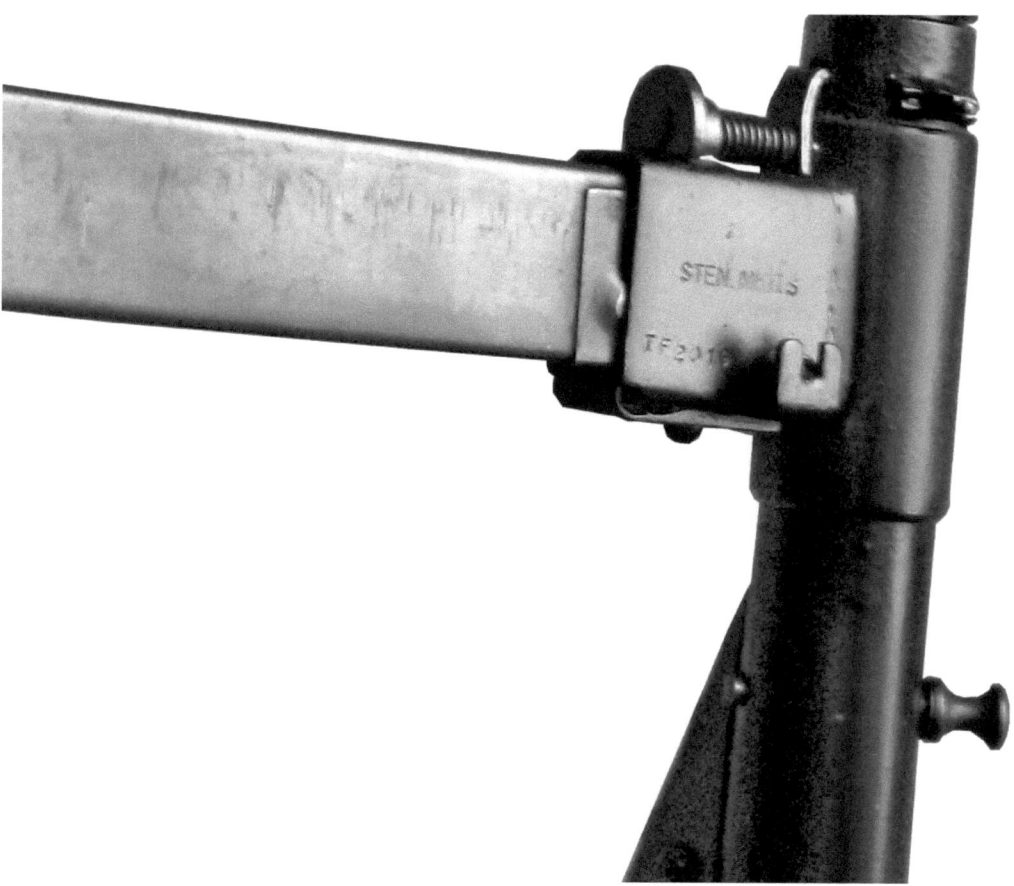

Abb. 119: Hier die gleiche Baugruppe an einer britischen Sten-Maschinenpistole. Abgesehen von minimalen Unterschieden bei den Bedienelementen sind die Waffen nahezu baugleich. Allerdings war das Gerät Potsdam für das Stangenmagazin der deutschen MP-40 ausgelegt.

Volksgewehre

Abb. 120 und Abb. 121: Wieder zeigt der direkte Vergleich zwischen Gerät Potsdam (links) und Sten (rechts), wie gering die Unterschiede zwischen dem britischen Original und der deutschen Kopie sind.

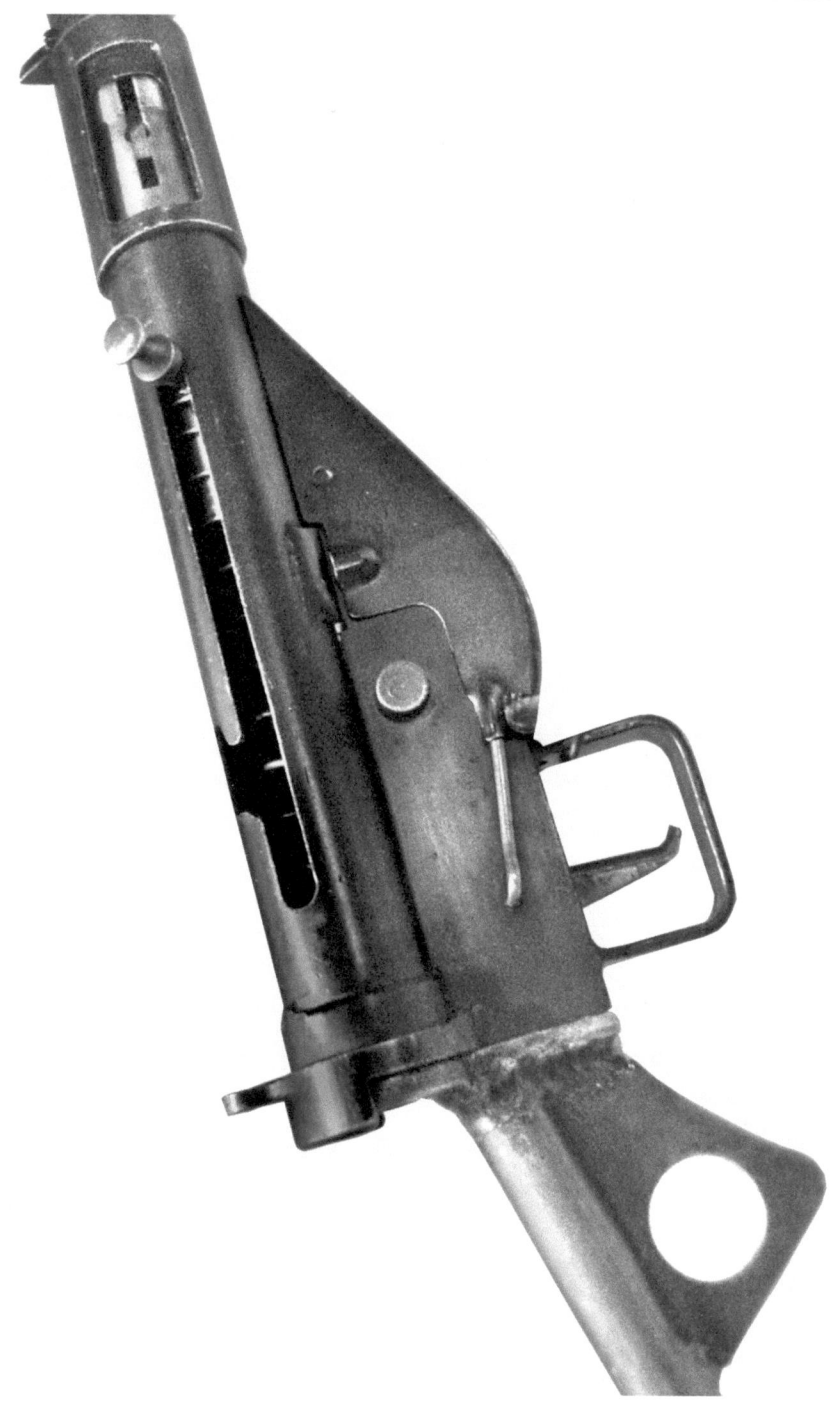

Abb. 122: Das Gerät Neumünster, im offiziellen Schriftverkehr auch als MP 3008 bezeichnet, war ein weiterer deutscher Nachbau der britischen Maschinenpistole Sten. Im Gegensatz zu dem zuvor beschriebenen Gerät Potsdam wies es jedoch ein wesentliches Unterscheidungsmerkmal auf: Sein Magazinschacht war senkrecht ausgerichtet.

Gerät Neumünster (MP 3008)

Wie zuvor gezeigt wurde, musste die Konstruktion der britischen Sten Maschinenpistole zunächst auf das in Deutschland gebräuchliche metrische System umgestellt werden, um sie rationell als „Gerät Potsdam" fertigen zu können. Dazu hatte Mauser einen Zeichnungssatz der britischen Vorlage erstellen lassen und diesen zur Umgestaltung an das „Ingenieurbüro Waffen" des Reichsministeriums für Rüstung und Kriegsproduktion (RMfRuK) weitergegeben. Hier begnügten sich die Konstrukteure allerdings nicht nur mit der Umrechnung der Abmessungen, sondern schlugen auch zugleich die vertikale Ausrichtung des eigentlich zur linken Seite weisenden Magazinschachts vor, wohl um den an die MP40 gewohnten Wehrmachtssoldaten die Handhabung der „deutschen Sten" zu erleichtern.[63]

Da sich Mauser jedoch an seinen ursprünglichen Auftrag gebunden sah, in dem festgelegt war, die britische Maschinenpistole unverändert nachzubauen, spaltete das Unternehmen sein Entwicklungsvorhaben nunmehr in zwei getrennte Baureihen auf. Unter der Tarnbezeichnung „Gerät Potsdam" lief die Serienfertigung der „britischen" Sten mit seitlich liegendem Magazin an. Unter dem Decknamen „Gerät Neumünster" entstand eine „deutsche" Sten mit nach unten gerichtetem Magazinschacht. Im offiziellen Schriftverkehr findet sich für letztere auch die Bezeichnung „MP 3008". Dies ist höchstwahrscheinlich eine Abkürzung der deutschen Gerätenummer „1-3-3008". Beide Modelle waren für das Stangenmagazin der MP-40 ausgelegt.[64]

Abb. 123: Das Gerät Neumünster war eine Behelfswaffe, deren Fertigung maximal vereinfacht wurde. Diese Nahaufnahme zeigt den mit einem Schweißpunkt im Verschlussstück gesicherten Lauf.

---
[63] Vgl. Weaver 2005, S. 262f
[64] Vgl. Heinz 2006, S. 60f

Abb. 124: Die Fertigungsstandards entsprechen beim Gerät Neumünster denen des Geräts Potsdam. Wie sich am Zustand des Riemens zeigt, ist bei Lage und Ausführung des Riemenbügels der Verschleiß vorprogrammiert. Die Befestigung des Laufs im Verschlussrohr per Punktschweißung dürfte sich negativ auf die Zielgenauigkeit der Waffe ausgewirkt haben.

Am 15. November 1944 bestellte dann die Feldzeuginspektion eine Million „Geräte Neumünster", obwohl zu diesem Zeitpunkt noch kein Erprobungsexemplar vorlag. Vorgesehen war eine Lieferung in monatlichen Tranchen zu 250.000 Stück. Die Maschinenpistolen waren explizit für das Ersatzheer vorgesehen, um die bis dahin dort ausgegebenen deutschen Waffen, die als höherwertiger angesehen wurden, für die Fronttruppen verfügbar zu machen.[65]

Hatten von 1941 bis 1943 mehr als zwei Millionen Soldaten im Ersatzheer der Wehrmacht ihren Dienst getan, so nahm deren Zahl gegen Ende des Krieges immer weiter ab. Der Grund: Der Personalmangel an allen Fronten machte es erforderlich, auch diese Soldaten dort einzusetzen. Darüber hinaus hatten die Verschwörer im Offizierskorps der Wehrmacht im Zusammenhang mit dem Attentat auf Hitler am 20. Juli 1944 versucht, das Ersatzheer in Alarmbereitschaft zu versetzen, damit dieses strategisch wichtige Punkte im Reich kontrollieren konnte (Unternehmen Walküre). Nachdem das Attentat gescheitert war, ging das Kommando über das Ersatzheer zunächst an Reichsführer-SS Heinrich Himmler. Dieser setzte bald darauf den SS-Obergruppenführer Hans Jüttner als Chef des Ersatzheeres ein. Gegen Kriegsende wurden immer mehr Ausbildungseinheiten gegen die vorrückenden Alliierten eingesetzt. Das Ersatzheer bildete somit das letzte Aufgebot der Wehrmacht, stand aber mit dem Volkssturm in keinerlei Verbindung. Also ist es falsch, das „Gerät Neumünster" als Volkssturmwaffe zu bezeichnen.[66]

Allerdings sind bei der Fertigung der MP 3008 durchaus Parallelen zu der der Volkssturmwaffen festzustellen. Denn in die Herstellung der Einzelteile waren bis zu 30 Zulieferer eingebunden. Die Endmontage teilten sich rund 14 verschiedene Firmen. Die Probleme bei Materialbeschaffung und Transport führten dazu, dass bis zum Zusammenbruch lediglich rund 3.500 Stück hergestellt wurden. Wie viele davon noch zum Einsatz kamen, kann heute nicht mehr geklärt werden. Gottlob Berger gab zwar am 1. Dezember 1944 beim Ministerium für Rüstung und Kriegsproduktion die Lieferung von „50.000 Sten-Pistolen 9 mm" an den Deutschen Volkssturm in Auftrag, bei der allgemeinen Priorisierung des Bedarfs der Wehrmacht vor dem der Volksmiliz ist jedoch fraglich, ob diesem Auftrag im Ministerium große Bedeutung beigemessen wurde.[67] Über Fotos ist lediglich belegbar, dass die deutschen Sten-Kopien mit vertikalem Magazinschacht nach Kriegsende bei der tschechischen Polizei geführt wurden.

---

[65] Vgl. Handrich 2008, S. 392
[66] Vgl. Weaver 2005, S. 266
[67] Vgl. Weaver 2005, S. 265

Abb. 125 und Abb. 126: Der Vergleich mit dem Vorbild, der britischen Maschinenpistole Sten Mk. II (links), macht deutlich, dass das Gerät Neumünster (rechts) bis auf die geänderte Lage des Magazinschachts und des Auswurffensters nahezu eine exakte Kopie darstellt.

Abb. 127 und 128: MG-34 und MG-42 waren die Standardmaschinengewehre der Deutschen Wehrmacht. Bei Aufstellung des Volkssturms Ende 1944 waren die Waffenhersteller bereits nicht mehr in der Lage, den Bedarf des Berufsheers an diesen Waffen auch nur annähernd zu decken. Daher gelangten nur wenige dieser hochwirksamen automatischen Waffen an Hitlers letztes Aufgebot. (Bild 128 von Rainer Zenz).

Maschinengewehre

Natürlich wurde bei der Aufstellung des deutschen Volkssturms nicht nur die Versorgung mit Gewehren vorgesehen. Auch die gesamte weitere Ausrüstung sollte beschafft werden. An erster Stelle standen dabei leichte und schwere Maschinengewehre. Gottlob Berger hatte in seinem Memorandum „Waffen und Munition für den deutschen Volkssturm" vom 1. November 1944 festgelegt, dass jedes Bataillon des ersten Volkssturm-Aufgebots 31 leichte und 6 schwere Maschinengewehre erhalten solle. An die Bataillone des zweiten Aufgebots sollten je 30 leichte und 3 schwere Maschinengewehre ausgegeben werden. Daraus ergab sich jedoch die Zahl von 57.350 leichten und 11.100 schweren Maschinengewehren, die allein für das erste Aufgebot benötigt worden wären. Für das zweite Aufgebot hätten dann noch einmal 145.800 leichte und 14.560 schwere Maschinengewehre herangeschafft werden müssen.[68] Auf diesem Sektor hatte allerdings, wie bei den anderen Waffentypen auch, bereits in den vorangegangenen Jahren großer Mangel bestanden. Daher entbehrten die von Berger konzipierten Zahlen jeder auch nur annähernd realistischen Grundlage. Durch die großen Verluste an der Front hatte die Wehrmacht einen unstillbaren Bedarf an Maschinengewehren, den die Industrie in keiner Weise decken konnte. Somit war hier von der Obersten Heeresleitung wenig Toleranz zu erwarten, was die Herausgabe von geeigneten Maschinengewehren anging.

Die Wehrmacht hatte den Krieg noch mit dem MG-34 als Standardmaschinengewehr begonnen. Dabei handelte es sich um eine gut funktionierende robuste und einsatzfähige Waffe, die jedoch sehr teuer und aufwendig in der Fertigung war. Da 1942 mit dem MG-42 ein Nachfolgemodell eingeführt worden war, waren Bestände des MG-34 verfügbar und einige wenige Exemplare wurden tatsächlich für den deutschen Volkssturm freigegeben. Das MG-42 hatte sich waffentechnisch als großer Wurf erwiesen. Es war für damalige Verhältnisse extrem leicht, hatte eine hohe Kadenz und war dennoch auch bei langen Feuerstößen gut zu beherrschen. Darüber hinaus war es robust und in allen Klimazonen perfekt einsatzfähig. Zu allem Überfluss konnte durch den Einsatz von Blechprägeteilen die Fertigung stark vereinfacht werden. Dennoch konnte die durch die alliierten Luftangriffe stark geschädigte deutsche Kriegswirtschaft den großen Bedarf an MG42 nicht auch nur annähernd decken, weshalb diese extrem leistungsfähige

---
[68] Vgl. Kissel 1962, S. 115f

Waffe für den Volkssturm in der Praxis nicht verfügbar war. Die wenigen zeitgenössischen Fotos, die Einheiten des Volkssturms mit MG-42 zeigen, dienten in den meisten Fällen zu Propagandazwecken.

Um den Volkssturm dennoch zu einem den Alliierten ebenbürtigen Gegner zu machen, mussten also Maschinengewehre beschafft werden. Dazu dienten vorrangig Beutewaffen aus den ehemaligen Beständen derjenigen Nationen, die Deutschland zu Beginn des Krieges besiegt hatte. Wie bei den Gewehren zählten auch hier französische, englische, italienische, österreichische und russische Modelle dazu.[69]

Abb. 129: MG-15 in Erdkampfausstattung. Der Koffer enthielt die Waffe mit zugehöriger Lafette sowie fünf Trommelmagazine und Zubehör. Leider war die Zahl der bereits ab Werk mit Erdkampflafette ausgerüsteten MG-15 sehr gering. Somit musste bei den meisten von der Luftwaffe gelieferten Waffen improvisiert werden und sie wurden behelfsmäßig für den Einsatz beim Volkssturm umgerüstet.

---

[69] Vgl. Weaver 2005, S. 329ff

Da die vorhandenen Mengen an Beutewaffen jedoch auf keinen Fall ausreichten, den Bedarf des Volkssturms zu decken, musste wieder die deutsche Luftwaffe mit ihren Beständen aushelfen. Seit Kriegsbeginn hatte sich dort das MG-15 als Standardmaschinengewehr in deutschen Flugzeugen durchgesetzt. Im weiteren Kriegsverlauf und dem Fortgang der Waffenentwicklung beim Gegner zeigte sich jedoch immer mehr, dass Reichweite und Wirkung der Waffe nicht mehr den Anforderungen entsprachen. Gegen Kriegsende benötigten die deutschen Jäger Maschinenkanonen oder Luft-Luft-Raketen, um die technisch überlegenen Feindflugzeuge wirksam bekämpfen zu können. Daher war das MG-15 gegen Kriegsende in großen Mengen verfügbar. Die Modelle, die bereits in Erdkampf-Ausführung vorlagen, wurden umgehend an den Volkssturm geliefert. Die weitaus größere Anzahl, die für den Einsatz im Flugzeug ausgestattet war, wurde nach und nach mit Lafetten versehen und zusammen mit Trommelmagazinen an den Volkssturm geliefert.[70]

Im Prinzip war das MG-15 in Erdkampf-Ausstattung eine zuverlässige und leistungsfähige Waffe, die die Kampfkraft der Volkssturmeinheiten stark verbessert hätte. Als großes Problem stellte sich jedoch der luftgekühlte

Abb. 130: Das MG-13 stammte aus der Weimarer Zeit. Die Wehrmacht hatte es von der Reichswehr zunächst übernommen, jedoch 1936 bereits wieder weitgehend ausgemustert und durch das modernere MG-34 ersetzt. Dennoch verfügte die Luftwaffe noch über Bestände, die vereinzelt an den Volkssturm ausgegeben wurden.

---

[70] Vgl. Weaver 2005, S. 323ff

Lauf heraus, der beim Einsatz am Boden sehr schnell heiß wurde. Auch der Laufwechsel war nicht so komfortabel wie beim MG-34 oder besonders beim MG-42. Dieser Umstand erschwerte die Bedienung der Waffe durch schlecht oder gar nicht ausgebildetes Personal.

Auch das MG-13, das zur Zeit der Weimarer Republik bei der Reichswehr eingeführt worden war, wurde von Volkssturmeinheiten verwendet. Die Waffe war ursprünglich als Nachfolger des schwerfälligen, zum Teil noch wassergekühlten MG-08 entwickelt worden. Die neue Maschinenwaffe hatte möglichst universell sowohl als Infanteriewaffe wie auch als Bordwaffe von Panzerfahrzeugen und Flugzeugen einsetzbar sein sollen. Als Grundlage hatte das wassergekühlte Dreyse MG-13 gedient, das im Ersten Weltkrieg nur als Behelfswaffe zum Einsatz gekommen war. 1930 wurde das verbesserte MG-13 von der Reichswehr angenommen. Ab 1936 wurde es jedoch bereits wieder weitgehend ausgemustert und durch das modernere MG-34 ersetzt. Als Ende 1944 verzweifelt nach geeigneten Maschinengewehren zur Ausrüstung des Volkssturms gesucht wurde, entsann man sich der Reservebestände und gab das luftgekühlte MG-13 vereinzelt an die Bürgermiliz aus.[71]

Die Luftwaffen-MGs 17 und 81 sowie das schwere Maschinengewehr 131 im Kaliber 13 mm gelangten ebenfalls vereinzelt in die Hände von Volkssturmangehörigen.[72] Wie bei allen anderen Waffentypen scheinen jedoch auch davon nur wenige Exemplare tatsächlich an der Front angekommen zu sein, denn es existieren nur wenige Fotos, die Volkssturmmänner an dieser Waffe zeigen.

Abb. 131: Das MG-17 wurde 1934 von der Firma Rheinmetall speziell für den starren Einbau in Kampfflugzeugen entwickelt. Sein Verschlusssystem entsprach dem des MG 30 und des MG 15, war aber aufschießend, der Verschluss befand sich also vor dem Schuss in vorderer verriegelter Stellung, um die Synchronisation zu ermöglichen. Die Waffe hatte Gurtzufuhr, geladen wurde mittels Druckluft und die Zündung elektrisch ausgelöst – diese Eigenschaften erschwerten den Umbau zur Erdkampfwaffe.

---

[71] Vgl. Weaver 2005, S. 318f
[72] Vgl. Weaver 2005, S. 326f

Abb. 132: Im Gegensatz zum MG-17 war das MG-81 für den beweglichen Einbau in Flugzeugen ausgelegt, so in den Heinkel-Bombern He-111 und He-177 sowie in den Junkers-Mustern Ju-87 und Ju-88. Unter der Bezeichnung MG 81Z existierte auch eine Zwillingsausführung. Anders als die starr eingebauten Flugzeugbordwaffen wurde es mit Gurten geladen und bot mit seiner hohen Kadenz weitaus mehr Feuerkraft. Gegen Kriegsende wurden viele Exemplare für den Einsatz in Bodengefechten mit Schulterstütze und Zweibein ausgerüstet und nicht nur an den Volkssturm, sondern auch an die Wehrmacht abgegeben.

Abb. 133 (linke Seite) und 134 (oben): Zwei Volkssturmmänner an einem mit Zweibein versehenen MG-81. Die Aufnahme entstand am 16. März 1945 in der von den Sowjets eingeschlossenen ostpreußischen Stadt Königsberg. Beide Männer tragen vollständige Uniformen und Stahlhelme, der rechte, ältere, Mann ist sogar mit einem Bajonett bewaffnet. Die in der Aufnahme dargestellte ungewöhnlich gute Ausrüstung der beiden Männer deutet auf ein zu Propagandazwecken angefertigtes Bild hin. Augenzeugenberichten zufolge sah die Realität im umkämpften Königsberg oft anders aus. Am 9. April musste die Stadt schließlich nach für beide Seiten verlustreichen Kämpfen kapitulieren. Quelle: Bundesarchiv 183-J28805.

Die Realität: Beutewaffen statt Volksgewehre

Wie gezeigt wurde, stand die Partei gegen Ende 1944 vor der Aufgabe, den ihr unterstellten Deutschen Volkssturm zu bewaffnen, obwohl bereits für die Wehrmacht zu wenig Ausrüstung und Material bereitstand. Mit Hitlers Billigung wurde daraufhin das Volksgewehrprogramm gestartet, um von den noch arbeitsfähigen Betrieben in Einfachstbauweise Behelfswaffen in ausreichender Zahl für die Volksmiliz bauen zu lassen.

Die Recherchen zu den einzelnen Volksgewehren ergaben, dass zumindest von einigen nennenswerte Stückzahlen bis in den unteren fünfstelligen Bereich gefertigt wurden. Doch nur in den wenigsten Fällen haben diese explizit für die Volkssturmmänner vorgesehenen Waffen diese auch tatsächlich erreicht. Mit welchen Langwaffen sind die zu Kombattanten erklärten Zivilisten aber dann in der Realität ins Feld gezogen?

Leider liegen über die wirklich ausgegebenen Gewehre und die Mengen der zugehörigen Munition nur wenige verlässliche Unterlagen vor. Zum Teil können erhalten gebliebene Soldbücher von Volkssturmmännern zumindest die erstere Frage klären helfen. Darüber hinaus können Zeitzeugenberichte zumindest subjektive Eindrücke vermitteln und Momentaufnahmen liefern. Auch zeitgenössische Fotos, sei es von privater Seite oder von Kriegsberichterstattern, können dazu beitragen, den Gesamteindruck zu ergänzen. Das Bild, das sich aus diesen Untersuchungen ergibt, lässt die Ausrüstung und Bewaffnung des Deutschen Volkssturms mehr als dürftig erscheinen – kein sonderlich überraschendes Ergebnis in Betracht der hoffnungslosen militärischen Lage, in der sich das Reich bei dessen Aufstellung befand. Eine einheitliche Uniformierung war nicht gegeben, selbst die Armbinden, mit denen die Milizangehörigen völkerrechtsgemäß als Kombattanten gekennzeichnet werden sollten, waren vielerorts nicht in ausreichender Menge oder gar nicht verfügbar. Auch wetterfeste Kleidung besaßen die Männer meist nur, wenn sie sie selbst mitbrachten und die Nahrungsmittelversorgung

Abb. 135: Oktober 1944: Das erste Volkssturmbataillon wird aufgestellt. Der abgebildete 55 Jahre alte Textilhändler hat ein österreichisches 8 mm Mannlicher M-1895 Gewehr erhalten. Quelle: Narodowe Archiwum Cyfrowe, Warschau - Nr. 2-13108.

war mehr als prekär.[73] Die Gewehre, die den Volkssturm dann tatsächlich erreichten, waren nur in seltenen Fällen Karabiner 98k, Maschinengewehre MG-34 oder MG-42, Maschinenpistolen MP-40 oder gar Sturmgewehre 44 – also bei der Wehrmacht verwendetes Material. Auf einigen Fotos sind sogar Angehörige der Volksmiliz mit dem Selbstladegewehr 43 ausgestattet. Doch auch dies muss ein ausgesprochener Ausnahmefall gewesen sein. Zeitgenössische Fotos, die Volkssturmmänner mit diesen Waffen zeigen, sind in vielen Fällen leicht als zu Propagandazwecken erstellte Aufnahmen zu identifizieren. Natürlich wurden die eingangs erwähnten Waffen aus Parteibeständen ausgegeben, doch konnte mit diesen lediglich ein Bruchteil des ersten Aufgebots bewaffnet werden.

Waffen deutscher Herkunft, die am häufigsten in die Hände von Volkssturmmännern gelangt sind, waren das lange Gewehr Mauser 98 sowie dessen Karabinerversionen 98a und 98b. Sogar deren Vorgänger Mauser 88 wurde mancherorts ausgegeben – dies war das erste in der kaiserlichen Armee verwendete Gewehr, das die Standardpatrone 7,92 x 57 verschoss und wurde somit noch als kriegsverwendungsfähig eingestuft.

Da die Anzahl der genannten deutschen Waffen nur einen Bruchteil des immensen Bedarfs decken konnte, griffen die Verantwortlichen auf die zahlreichen Bestände an Beutewaffen zurück, die in den ersten, noch erfolgreichen Kriegsjahren angehäuft worden waren. Doch auch hier stand der Volkssturm mittlerweile in Konkurrenz mit der Wehrmacht. Denn die angeschlagene Armee bediente sich selbst schon seit geraumer Zeit aus dem Beutewaffenfundus.

Dennoch gelangten größere Mengen Gewehre der Baureihe Steyr-Mannlicher M-95 zur Volksmiliz. Diese waren nach dem Anschluss Österreichs an das Deutsche Reich 1938 aus den Beständen des Bundesheers der Ersten Republik in die Zeughäuser der Wehrmacht gelangt.

Abb. 136: Junger Volkssturmmann an der Grenze Ostpreußens. Er ist ungewöhnlicherweise mit einer Maschinenpistole 40 bewaffnet. Ebenso trägt er eine vollständige Uniform mit Koppel. Dies und die Tatsache, dass das Foto stark retuschiert wurde, lässt darauf schließen, dass es sich um ein Propagandabild handelt. Quelle: Narodowe Archiwum Cyfrowe, Warschau - Nr. 2-13167.

---

[73] Vgl. Kissel 1962, S. 148

Folgende Varianten sind auf zeitgenössischen Fotos zu finden:

Gewehr M95 Kaliber 8 × 50 mm R
Karabiner M95a (Stutzen) Kaliber 8 × 50 mm R
Gewehr und Karabiner M95/30 Kaliber 8 × 56 mm R
Karabiner M95/24 Kaliber 7,92 × 57 mm

Darüber hinaus war sogar das Mannlicher Model 1886, Vorgänger der M-1895er-Reihe, beim Volkssturm vertreten. Dieses war für die Schwarzpulverpatrone 11 × 58 mm R ausgelegt und hatte damit im Jahr 1945 schon fast musealen Charakter. Die Vielzahl an Kalibern bei den österreichischen Ordonnanzwaffen deutet bereits auf ein elementares Problem, das die Verwendung von Beutewaffen in Zeiten des Zusammenbruchs mit sich brachte: Es hätte eines ungeheuren logistischen Aufwandes bedurft, um jede mit Beutewaffen unterschiedlicher Herkunft ausgestattete Volkssturmeinheit mit ausreichenden Mengen der passenden Munition zu versorgen.

Aber die Gewehre österreichischer Herkunft waren bei Weitem nicht die einzigen Beutewaffen, mit denen Hitlers letztes Aufgebot bewaffnet wurde. Es scheinen die Waffen nahezu jedes der Länder Verwendung gefunden zu haben, die von Deutschland zu Beginn des Krieges besiegt wurden oder mit denen es zumindest über einen längeren Zeitraum in Kämpfe verwickelt war.[74]

So sind mancherorts französische Lebel Modell 1886/93 sowie das Berthier Modell 1907/15 jeweils im Kaliber 8 × 50 mm R an die Volksmiliz abgegeben worden. Eigentlich scheinen die Waffen nach der französischen Kapitulation im Jahr 1940 in Frankreich verblieben zu sein, um von den Truppen des mit den Nazis kollaborierenden Vichy-Regimes sowie den deutschen Besatzungssoldaten verwendet zu werden. Ein Teil der Waffen muss jedoch im Kriegsverlauf nach Deutschland verlagert worden sein, denn bei Aufstellung des Volkssturms waren sie ad-hoc verfügbar.

Abb. 137: Verteilung von österreichischen 8 mm Mannlicher M-1895 Gewehren an Freiwillige des Deutschen Volkssturms im Oktober 1944. Quelle: Narodowe Archiwum Cyfrowe, Warschau - Nr. 2-13107.

---

[74] Vgl. Kissel 1962, S. 148f

Die Realität: Beutewaffen statt Volksgewehre

Auch der Sieg über das benachbarte Belgien hatte Tausende Beutegewehre in deutsche Hände gebracht, in diesem Fall die belgischen Mauser Modelle 1889/15 und 1889/36. Die Waffen waren beliebt, da sie sich in der Bedienung kaum vom Standardgewehr 98k unterschieden. Einziges Manko war, dass die Waffen auf die Patrone 7.65 × 53 mm ausgelegt waren.

Aus ehemals niederländischen Beständen gelangten wiederum Gewehre des Systems Mannlicher an den Volkssturm, in diesem Fall das M-1893 im Kaliber 8 x 50 R und das M-1895 im Kaliber 6.5 × 53 mm R. Einige Krag-Jørgensen Gewehre gelangten ebenfalls zum Volkssturm, und zwar aus Dänemark im Kaliber 8 × 58 mm R und aus Norwegen im Kaliber 6,5 × 55 mm.

Während des Frankreichfeldzugs im Jahr 1940 hatte die britischen Expeditionstruppen größere Mengen Lee Enfield Gewehre zurückgelassen, auch von diesen gelangten einige zum Volkssturm, diese im Kaliber .303 British. Obwohl im Verlauf des nachfolgenden Eroberungskrieges gegen die Sowjetunion Tausende Mosin Nagant Gewehre in deutsche Hände gelangt waren, scheinen diese nur in Einzelfällen an den Volkssturm ausgegeben worden zu sein. Möglicherweise waren diese zu großen Teilen eingeschmolzen worden oder aber in den eroberten Gebieten verblieben, um dort von den deutschen Besatzern oder loyalen Elementen wie der Wlassow-Armee verwendet zu werden.[75]

Das mit Abstand am häufigsten auf zeitgenössischen Fotos in den Händen von Volkssturmmännern zu findende Gewehr stammt aus Italien: die Fucile Carcano Mod. 1891. Dieses hatte bereits vor dem Ersten Weltkrieg als veraltet gegolten, wurde aber im Auftrag der italienischen Streitkräfte immer weiter modifiziert und entwickelt. Ein Problem war die als zu schwach geltende Munition im Kaliber 6,5 × 52 mm Carcano. Im Jahr 1938 war die Umstellung auf das leistungsstärkere Modell 38 im Kaliber 7,35 × 51 mm erfolgt – da die Fertigungskapazitäten jedoch nicht ausreichten , um sie zu Ende zu führen, wurde die Produktion ab 1940 wieder auf das alte Standardkaliber 6,5 × 52 mm zurückgeführt.[76]

Abb. 138: November 1944: Im Rahmen der Volkssturm-Ausbildung macht der Festungskommandant von Memel, General der Infanterie Hans Gollnick, einen russischen Mosin Nagant Karabiner Kaliber 7,62-mm schussfertig. Neben ihm ein Volkssturmmann, der den Helm eines Luftschutzwarts trägt. Quelle: Narodowe Archiwum Cyfrowe, Warschau - Nr. 2-13164.

---

[75] Vgl. Gander 2008, S. 87
[76] Vgl. Riepe 2007, S. 24

Volksgewehre

Somit standen den Deutschen bei Kriegsende beide Varianten zur Verfügung und wurden auch an die Volksmiliz ausgegeben. Der Grund für die Verfügbarkeit der italienischen Waffen liegt in der Kapitulation Italiens am 8. September 1943. Zuvor hatte der italienische König Viktor Emanuel III den Diktator Benito Mussolini inhaftieren lassen und Marschall Badoglio als Ministerpräsident eingesetzt. Dieser hatte umgehend Waffenstillstandsverhandlungen mit den Alliierten begonnen, schließlich die Seiten gewechselt und war in den Krieg gegen Nazideutschland eingetreten. Die deutsche Wehrmacht besetzte daraufhin Nord- und Mittelitalien und nahm etwa 800.000 italienische Soldaten gefangen. Auch in Griechenland und an anderen Frontabschnitten wurden im Rahmen des „Fall Achse" Tausende italienischer Soldaten von den Deutschen getötet oder gefangengenommen. Deren Bewaffnung und Ausrüstung gelangte damit in die Hände der Wehrmacht.

Diese ließ 1944 bis 1945 versuchsweise geringe Mengen Carcanos auf die deutsche Standardpatrone 7,92 × 57 mm umrüsten. Daran waren die deutsche Waffenfabrik Heinrich Krieghoff und ein Hersteller in Norditalien beteiligt. Der Umrüstprozess erwies sich jedoch als recht aufwendig: So musste der Lauf auf 7,9 mm aufgebohrt und ein neues Patronenlager eingerieben werden. Auch der Verschlusszylinder musste angepasst und verstärkt werden. Die Visierung wurde in ein auf 200 m fest eingestelltes Standvisier abgeändert. Da der Magazinschacht die längere deutsche Patrone nicht aufnehmen konnte, wurde er durch einen eingeleimten Holzklotz verschlossen, wodurch die Waffen zu Einzelladern wurden. Bis März 1945 scheinen 12.000 bis 16.000 Carcanogewehre auf diese Weise umgerüstet worden zu sein.[77] Die militärische Verwendbarkeit der nunmehr einschüssigen Waffen dürfte jedoch noch unter den im Originalzustand verbliebenen Waffen gelegen haben.

Von den rund 400.000 Gewehren, die die Deutschen von den Italienern beschlagnahmt und erobert hatten, verblieben wiederum einige in Italien, um von den Besatzungstruppen und loyalen Kräften verwendet zu werden. Der Großteil wurde jedoch ins Reich verlagert und die Waffen in großen Mengen an den Volkssturm abgegeben. Zeitgenössische Fotos zeigen das Carcanogewehr bei der Volksmiliz

Abb. 139: Volkssturmmänner im November 1944: Sie tragen italienische Mannlicher Carcano Gewehre und Karabiner Kaliber 6,5 mm. Quelle: Narodowe Archiwum Cyfrowe, Warschau - Nr. 2-13118.

---

[77] Vgl. Chegia; Simonelli 2016, S. 116

Volksgewehre

am häufigsten in der Ausführung als Kavalleriekarabiner mit montiertem Klappbajonett. Warum gerade die Kurzversion des italienischen Gewehrs am häufigsten an die militärisch wenig ausgebildeten Männer abgegeben wurde, ist heute nicht mehr zu klären und mag dem Zufall geschuldet sein.

März 1945: Die Entwaffnung des Deutschen Volkssturms
Wie bereits gezeigt wurde, zweigten viele Gauleiter, trotz des ausdrücklichen Verbots, Waffen für die von ihnen zu versorgenden Volkssturmeinheiten aus der Wehrmachtsproduktion ab. Darüber hinaus wurde in einigen Gauen eine nicht unerhebliche Waffenproduktion für die hiesigen Volkssturmeinheiten aufgebaut, die über das genehmigte Volkssturmwaffenprogramm hinaus, oder daran vorbei wirtschaftete. Diese Eigenmächtigkeiten blieben Rüstungsminister Speer nicht verborgen und er konnte im Februar 1945 Hitler dazu drängen, eine Führeranweisung an die Gauleiter herauszugeben, in der er die Parteifunktionäre verpflichtete, die in ihrem Gebiet zusätzlich gefertigten Waffen und Geräte zu melden. Offenbar kamen die Gauleiter dem Dekret nach, denn aufgrund der gemeldeten Zahlen befahl Hitler am 1. März 1945, dass der Volkssturm mit sofortiger Wirkung alle feldbrauchbaren Waffen der Wehrmacht zur Verfügung zu stellen habe. An erster Stelle genannt waren dabei Gewehre, Maschinenwaffen und Granatwerfer deutscher Produktion, einschließlich der zugehörigen Munition. Lediglich die bereits gelieferten Panzerfäuste durften bei der Volksmiliz verbleiben, darüber hinaus alle Beutewaffen, sofern sie nicht für die deutsche Standardpatrone 8 x 57 oder die Pistolenpatrone 9 mm Parabellum ausgelegt waren.[78]

Der Leiter der Partei-Kanzlei der NSDAP, Martin Bormann, rechtfertigte den Befehl Hitlers in den darauffolgenden Tagen gegenüber den Gauleitern damit, dass durch die Bewaffnung des Volkssturms der Front, also der Wehrmacht, feldbrauchbare Waffen entzogen worden wären. Dies habe einen negativen psychologischen Effekt auf die Berufssoldaten gehabt, da Zivilisten ältester und jüngster Jahrgänge Waffen erhalten hätten, die in den Händen der Wehrmacht viel sinnvoller hätten eingesetzt werden können. Der Befehl zur Abgabe der Waffen wurde rigoros umgesetzt und es gab für regionale Volkssturmkommandeure

Abb. 140: Berlin, November 1944: Ausbildung von Angehörigen des Deutschen Volkssturms. Ein älterer Mann in SA-Uniform erklärt ein italienisches Mannlicher Carcano Gewehr Kaliber 6,5 mm. Auf dem Tisch vor ihm liegen weitere Gewehre. Quelle: Narodowe Archiwum Cyfrowe, Warschau - Nr. 2-13116.

---

[78] Vgl. Seidler 1999, S. 204f

Die Realität: Beutewaffen statt Volksgewehre

wenig Handhabe, sich der Anordnung zu widersetzen. Lediglich Einheiten, die sich bereits im Kampf befanden oder solche, die im Verband mit der Wehrmacht agierten, waren vorerst ausgenommen.

Rund eine Woche später sandte Bormann eine neue Direktive an die Gauleiter: Nunmehr sollten alle in ihren Gauen hergestellten Waffen umgehend an die Brennpunkte der Front abgeliefert werden, um die immer gravierenderen Waffenverluste auszugleichen. Dieser Befehl betraf somit auch die Volksgewehre, die kurz zuvor noch als untauglich für den Wehrmachtseinsatz eingestuft worden waren. Im Nachsatz machte Bormann deutlich, dass jeder eigenmächtige Zugriff der Gauleiter auf Waffen und Gerät fortan unterbleiben müsse und jede Zuwiderhandlung als Sabotage bestraft werde.

Die Wirkung dieser Befehle war verheerend: An vielen Fronten mussten die Volkssturmbataillone zurückgezogen werden. Denn lediglich mit Panzerfäusten, Schanzzeug und Beutegewehren ohne Munition ausgestattet waren sie für die Wehrmacht eher Belastung als Unterstützung. Auch sank die Motivation der ohnehin durch das vorangegangene Ausrüstungschaos verunsicherten Volkssturmmänner noch tiefer als zuvor.[79]

Abb. 142: Dieser Volkssturmangehörige ist mit einem österreichischen Gewehr Mannlicher M 1886 im Kaliber 11 × 58 mm R ausgestattet worden. Dieses somit für eine Schwarzpulverpatrone ausgelegte Gewehr dürfte nicht unter Hitlers Dekret zur Entwaffnung des Volkssturms gefallen sein. Ob dieser Waffe allerdings gegen die ins Reich eindringenden, gut gerüsteten Gegner ein großer Kampfwert beizumessen war, bleibt infrage zu stellen. Quelle: Narodowe Archiwum Cyfrowe, Warschau - Nr. 2-13109.

---

[79] Vgl. Seidler 1999, S. 205

Abb. 141: Volkssturmangehörige nach einer Ansprache des Gauleiters Karl Hanke in Breslau. Sie sind mit österreichischen Gewehren Mannlicher M 1886 im Kaliber 11 × 58 mm R ausgestattet worden. Quelle: Narodowe Archiwum Cyfrowe, Warschau - Nr. 2-13147.

Die Realität: Beutewaffen statt Volksgewehre

Abb. 142: An manche Volkssturmverbände wurden größere Mengen Minen geliefert – so die Schützenmine 42, deren Gehäuse aus einem Sperrholzkasten bestand. Dies sollte das Aufspüren der Sprengkörper durch den Gegner zu erschweren. Die Holzkästen für diese Mine wurden, wie die Volksgewehre, gegen Kriegsende dezentral in kleinen Handwerksbetrieben gefertigt – der Großvater des Autors war selbst daran beteiligt. Das Aufnehmen einmal verlegter Schützenminen 42 war nach Wehrmachtsreglement verboten. Dennoch zwangen die Alliierten nach Kriegsende die Volkssturmmänner, die Minen ausgelegt hatten, nicht selten, diese eigenhändig wieder einzusammeln.

Nr. 105/45 Stadeln, den 16. März 1945
Fl./May

Herrn K a l b
Fabrikdirektion

N ü r n b e r g .

Betrifft: Fehlende Hülsen.

    Für die eingeschriebenen Aufträge fehlen nachstehende Hülsen, um deren baldige Anlieferung wir hierdurch bitten:

5,6 x 35 R Messing	193 000 Stück
5,6 x 35 R Stahl	40 000 "
6,5 x 52 R Messing	167 000 "
6,5 x 54 M.Sch. Stahl	155 000 "
6,5 x 54 Stahl	25 000 "
6,5 x 57 Stahl	107 000 "
6,5 x 57 R Messing	5 000 "
6,5 x 57 R Stahl	120 000 "
6,5 x 58 R Messing	93 000 "
6,5 x 58 R Stahl	30 000 "
6,5 x 68 Messing	9 000 "
7 x 57 Stahl	177 000 "
7 x 57 R Stahl	267 000 "
7 x 64 Messing	214 000 "
7 x 65 R Messing	55 000 "
7 x 72 R Messing	51 000 "
8 x 57 J Stahl	290 000 "
8 x 57 R 360 Stahl	110 000 "
8 x 57 JS Stahl	144 000 "
8 x 57 JR „S" Stahl	21 000 "
8 x 58 R Stahl	52 000 "
8 x 56 M.Schön. Stahl	91 000 "
8 x 60 Stahl	83 000 "
8 x 72 R Messing	7 000 "
8,15 x 46 R Stahl	70 000 "
9 x 56 M.Schön. Stahl	5 000 "
9 x 57 Stahl	74 000 "
9 x 57 R Stahl	20 000 "
9,3 x 62 Stahl	60 000 "
9,3 x 72 R Stahl	571 000 "
9,3 x 74 R Stahl	90 000 "

b.w.

Fazit

Wie gezeigt wurde, betrieb die Partei das Volksgewehr-Programm zwar mit großem Aufwand, jedoch blieb es weitgehend wirkungslos. Obwohl bei der Produktionsplanung die bereits größtenteils zerstörte Infrastruktur im Reichsgebiet berücksichtigt wurde, war die deutsche Kriegswirtschaft nicht mehr in der Lage, auch einfachste Gewehrkonstruktionen in sechsstelligen Stückzahlen zu produzieren. Die eigentlich als Vorteil gedachte Verlagerung der Fertigung in mittlere und kleine Betriebe mag sich letztendlich als Nachteil erwiesen haben, weil damit die Steuerung und Qualitätssicherung erschwert wurde. Auch die dadurch notwendigen Transporte über vielerorts zerstörte Verkehrswege verlangsamten die Produktion sicher nachhaltig. Nicht zuletzt muss auch die der eigentlichen Planung zuwiderlaufende Modellvielfalt an Volksgewehren, die durch Vetternwirtschaft und die wirtschaftlichen Interessen einzelner Waffenhersteller entstanden war, die zusammenbrechende deutsche Kriegswirtschaft schlicht überfordert haben. Und insgesamt stand das Volkssturmwaffenprogramm von vornherein im Schatten der Wehrmachtsproduktion, weil es diese in keiner Weise beeinträchtigen durfte.

Da die Volksgewehre die Angehörigen der Volksmiliz nur in seltenen Fällen erreichten, wurden diese in der Praxis in erster Linie mit Beutewaffen ausgestattet, die von den Armeen nahezu aller von den Deutschen bekämpften Nationen stammten. Daraus folgte, dass der Volkssturm mit Munition in über einem Dutzend verschiedener Kaliber hätte versorgt werden müssen – in dem zusammenbrechenden Versorgungssystem des Reiches eine unlösbare Aufgabe. Dass zumindest der Versuch unternommen wurde, die Munitionsversorgung des Volkssturms zu sichern, zeigt eine Aufstellung des Munitionsherstellers RWS, die auf der linken Seite dargestellt ist. Es handelt sich um eine Anfrage der RWS-Niederlassung in Stadeln/Fürth an die Fabrikdirektion in Nürnberg. Aus ihr ist ersichtlich, dass rund zwei Monate vor Kriegsende zumindest die Aufträge für die Herstellung nahezu aller Beutekaliber allein in diesem Werk in hohen Tausenderzahlen vorlagen – jedoch fehlten die Hülsen.

Abb. 143: Aufstellung des Munitionsherstellers RWS (Abschrift) – die RWS-Niederlassung in Stadeln/Fürth bittet bei der Fabrikdirektion in Nürnberg um die Lieferung fehlender Hülsen. Daraus ist zu ersehen, welche Kaliber im März 1945 noch in größeren Mengen produziert werden sollten.

M 60/11,15 (M 71) Stahl	62 000	Stück
Hülsen für Central 320 RWS	620 000	"
" " " 380 RWS	118 000	"
" " " 442 RWS	17 000	"
Lebel rchls. Kupfer Vollmantel	200 000	"
Russ.Nagant	120 000	"
SW 44 russe	50 000	"
Velodog Kupfer Vollmantel	75 000	"
Randfeuer Cal. 22 lg.	50 000	"
Zielmunition 20 Marke "U"	4 283 000	"
Hülsen für Schlachtpatr. 9,6/16,5 Zink	170 000	"
" " " 9,6/16,5 Hartblei	20 000	"
Blitzbetäuber 9 mm Stahl	2 887 000	"

Abb. 144 (rechts): Deckblatt eines Soldbuches für Volkssturmmänner. Dieses und die folgenden Dokumente wurden freundlicherweise von Hans-Peter Schmid zur Verfügung gestellt.

Zeitzeugenberichten zufolge war die Ausrüstungs- und Bewaffnungssituation beim Volkssturm meistens chaotisch. Nicht selten erhielten die Männer zwar ein Gewehr, jedoch nur drei bis fünf Schuss Munition dazu. Die vorherige Ausbildung an der Waffe hatte aufgrund des Munitionsmangels meist als „Trockenübung" ohne Schießtraining erfolgen müssen. Somit standen die Zivilisten mit Kombattantenstatus dem hochgerüsteten Feind mit einigen wenigen Patronen im Magazin gegenüber, ohne aus ihrer Waffe zuvor jemals einen Schuss abgefeuert zu haben.[2]

Die dürftige Bewaffnung wird auch von den wenigen erhaltenen Soldbüchern belegt, die an Volkssturmmänner ausgegeben wurden. So ist in den umseitig gezeigten Exemplaren ein Mann lediglich mit einem Bajonett ausgestattet worden. Der andere hat wenigstens ein Carcanogewehr erhalten. Ob und wie viel Munition er dafür bezogen hat, geht aus dem Dokument nicht hervor.

---

[2] Vgl. Seidler 1999, S. 207

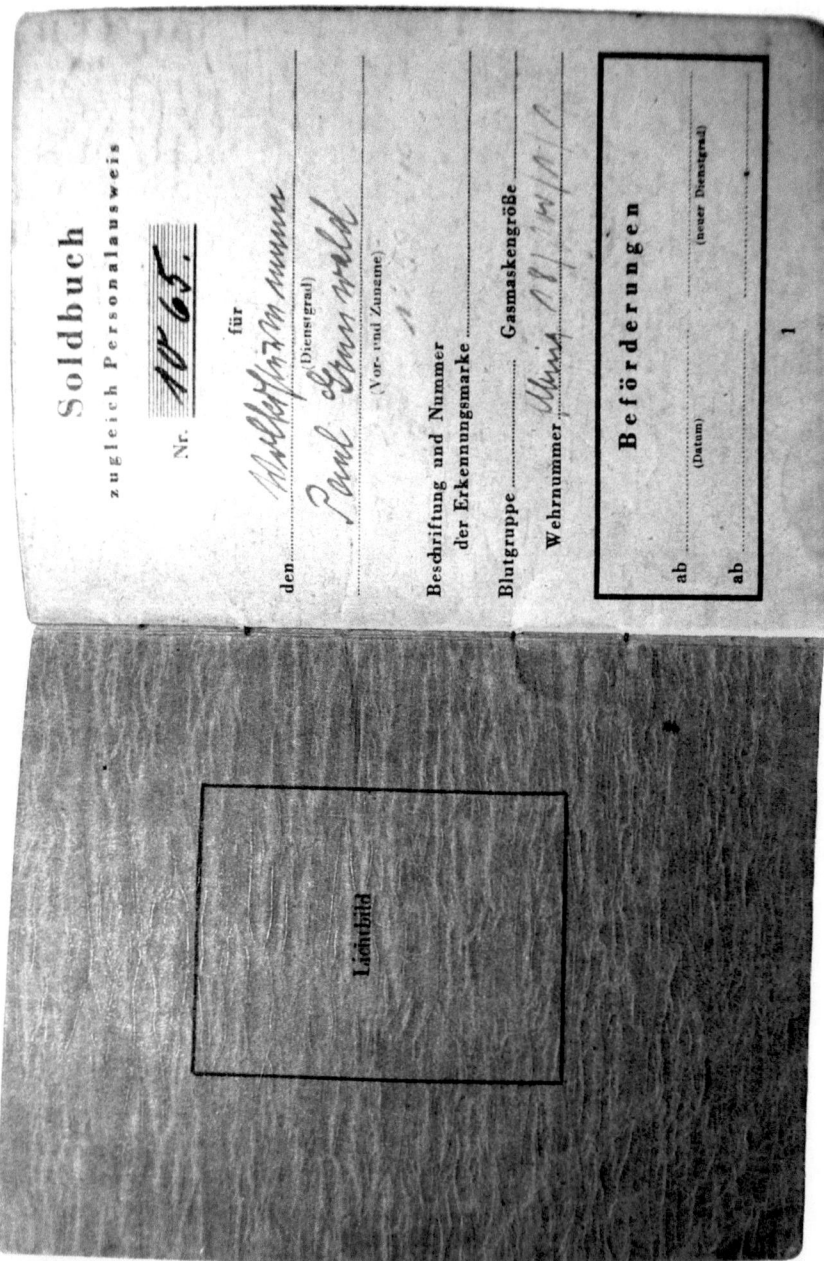

Abb. 145: Dieses Dokument gehörte einem Volkssturmmann, der im Januar 1945 einberufen wurde.

Fazit

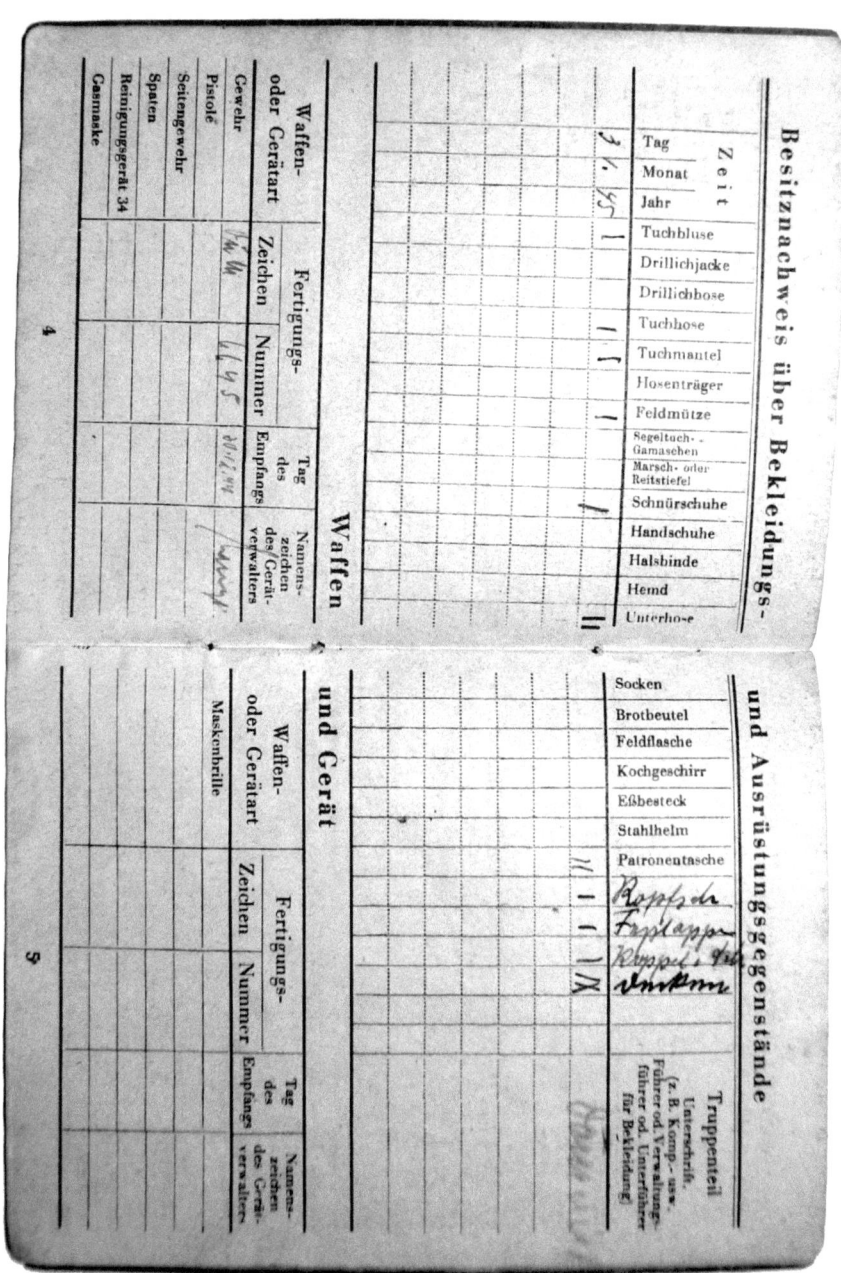

Abb. 146: Er erhielt eine ungewöhnlich umfangreiche Ausstattung: Tuchhose und Feldbluse, Mantel, Schuhe und Unterwäsche. Dazu ein Gewehr. Auf Stahlhelm, Brotbeutel, Kochgeschirr und Ähnliches musste er allerdings verzichten.

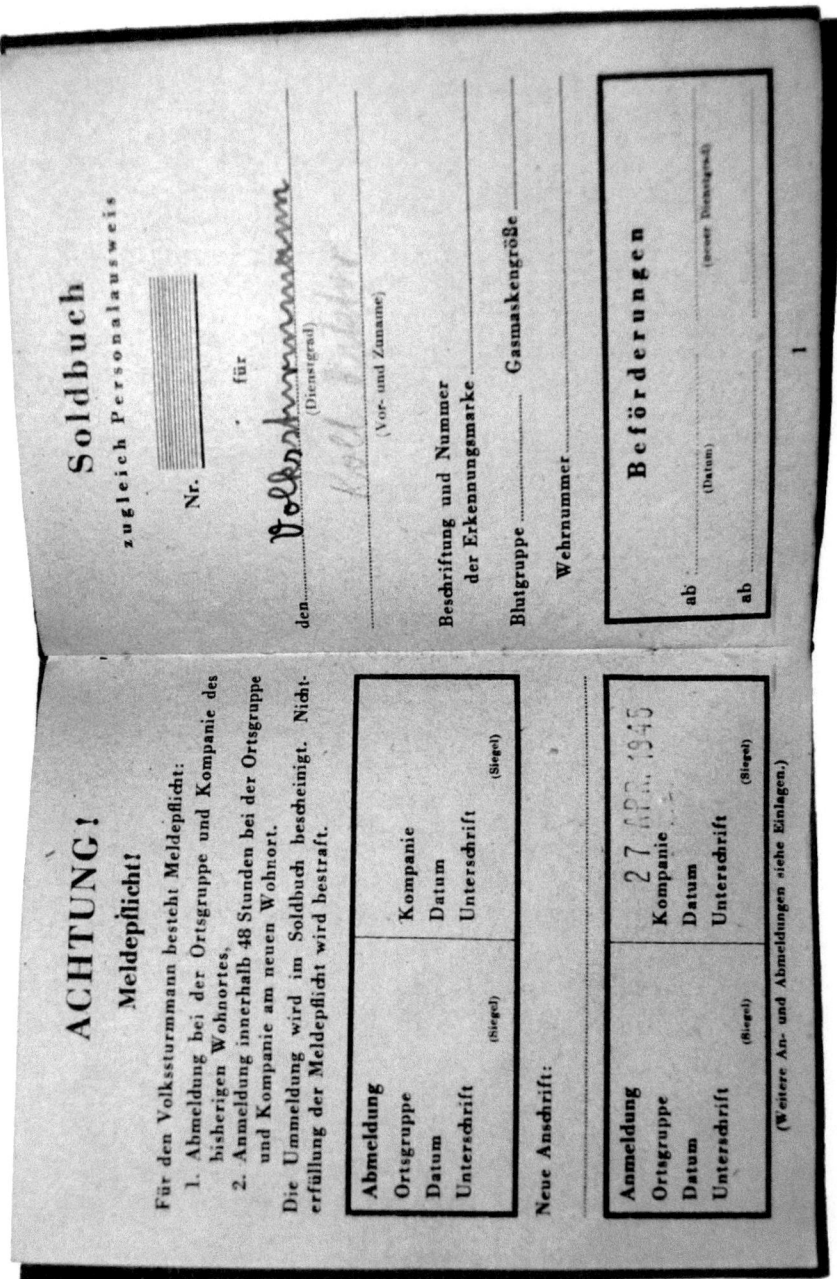

Abb. 147: Dieses Dokument gehörte einem Volkssturmmann, der Ende April 1945 eingezogen wurde.

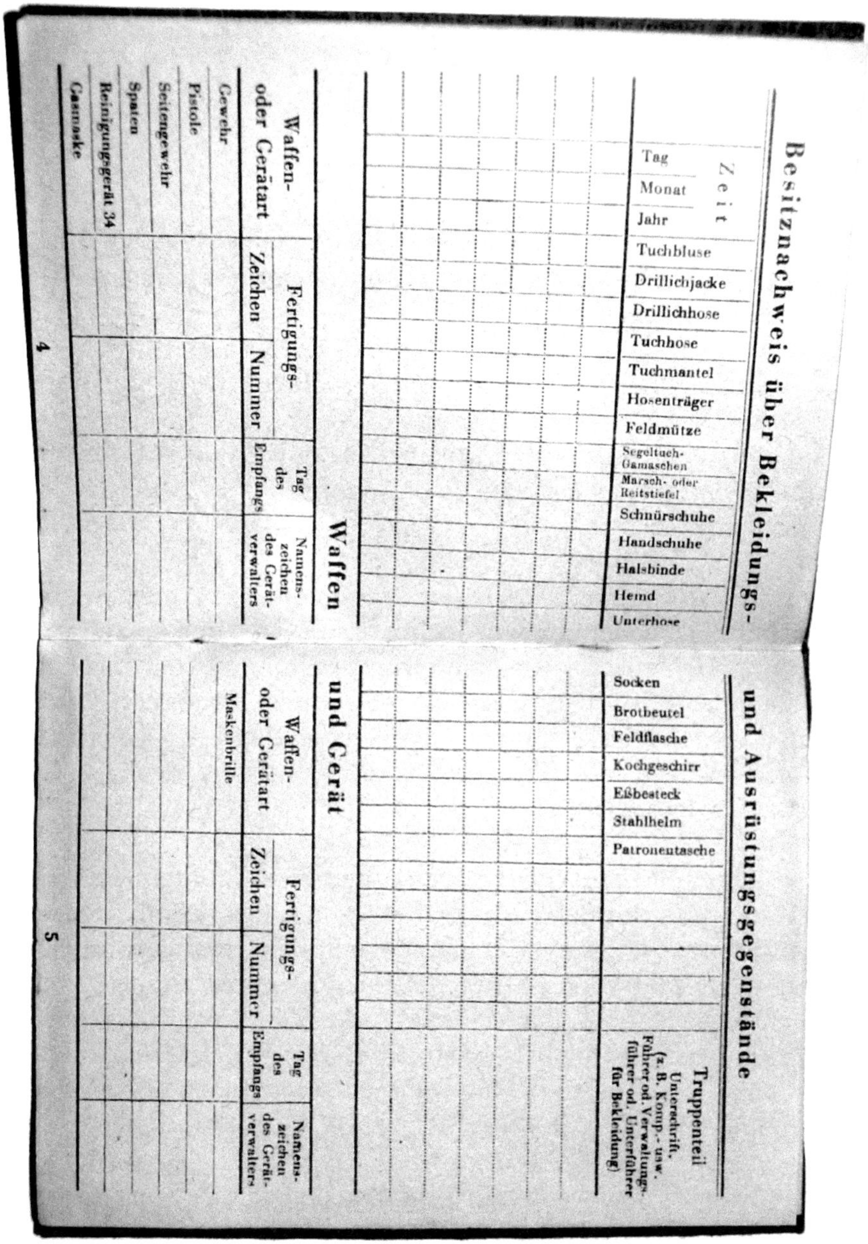

Besitznachweis über Bekleidungs- und Ausrüstungsgegenstände

Zeit: Tag, Monat, Jahr

Tuchbluse, Drillichjacke, Drillichhose, Tuchhose, Tuchmantel, Hosenträger, Feldmütze, Segeltuch-Gamaschen, Marsch- oder Reitstiefel, Schnürschuhe, Handschuhe, Halsbinde, Hemd, Unterhose

Socken, Brotbeutel, Feldflasche, Kochgeschirr, Eßbesteck, Stahlhelm, Patronentasche

Truppenteil Unterschrift (z. B. Komp.- usw. Führer od. Verwaltungsführer od. Unterführer für Bekleidung)

Waffen und Gerät

Waffen- oder Gerätart	Fertigungs- Zeichen	Fertigungs- Nummer	Tag des Empfangs	Namenszeichen des Gerätverwalters
Gewehr				
Pistole				
Seitengewehr				
Spaten				
Reinigungsgerät 34				
Gasmaske				

4

Waffen- oder Gerätart	Fertigungs- Zeichen	Fertigungs- Nummer	Tag des Empfangs	Namenszeichen des Gerätverwalters
Maskenbrille				

5

Abb. 148: In seinem Soldbuch ist kein einziges Ausrüstungsstück verzeichnet. Hat er wirklich gar nichts erhalten? Oder war der Verwaltungsapparat wenige Tage vor Kriegsende schon so weit zusammengebrochen, dass dies nicht mehr festgehalten werden konnte?

Anhang

Auszug aus:

Bericht über die Sitzung der Sonderkommission Infanteriewaffen am 12. und 13. 12.1944 in Suhl/Thüringen.

Reichskanzler Hitler hatte am 22. April 1944 befohlen, die Rüstungsanstrengungen auf das Wesentliche zu reduzieren und überflüssige Projekte zu streichen. Darauf aufbauend hatte er am 19. Juni 1944 das „Infanterie-Rüstungsprogramm" ins Leben gerufen, das die Waffenfertigung wiederum auf weniger Modelle konzentrierte.

Um fortan überflüssige Projekte von vornherein zu vermeiden und die genehmigten optimal zu steuern, wurden in diesem Zusammenhang Sonderkommissionen eingerichtet, die jeweils für einen bestimmten Teilbereich federführend sein sollten. So gab es beispielsweise die Sonderkommission Automatische Kanonen, drei Sonderkommissionen allein beschäftigten sich mit verschiedenen Teilbereichen der Artillerieentwicklung und eine sogar ausschließlich mit „Raketen-Startgestellen".

Eine Schlüsselrolle kam der „Sonderkommission Infanteriewaffen" (SKInf-Waffen) zu, die sich um jegliche waffentechnischen Belange der Infanterie zu kümmern hatte. Sie setzte sich aus Vertretern der Rüstungsindustrie, des Heereswaffenamtes (HWA) und anderen Nazigrößen zusammen. Vorsitzender war der Technische Direktor der Mauser-Werke Ott-Helmuth von Lossnitzer, andere Industrievertreter waren beispielsweise Karl Barnitzke (Gustloff), Fritz Walther, Louis Stange (Rheinmetall), Hugo Schmeisser (Haenel) und Karl Eickhorn (Eickhorn, Solingen).

Die Kommission tagte Mitte Juli 1944 zum ersten Mal. Ihre Aufgabe war, dringend benötigte Entwicklungsprojekte zu definieren und zugleich zu entscheiden, welche davon letztendlich in Produktion gehen sollten. Die finale Entscheidung über die Projekte verblieb jedoch beim Reichsminister für Bewaffnung und Munition, Albert Speer.

Die weiteren Sitzungen des Gremiums erfolgten dann in unregelmäßigen, zum Teil mehrmonatigen Abständen. Im vorliegenden Bericht ihrer vierten Sitzung vom 12. bis 13. Dezember 1944 behandelt die SKInfWaffen auch das Volksgewehrprogramm, dessen Leitung folgerichtig an sie übertragen worden war. Wie bereits gezeigt wurde, hatte das OKH am 29. September 1944 die Anfrage an die deutsche Industrie herausgegeben, bis Ende Oktober Entwürfe für ein Volksgewehr einzureichen. Bereits in ihrer dritten Sitzung vom 31. Oktober bis 1. November 1944 hatte das Volksgewehr auf dem Programm der Kommission gestanden.

Aus dem im Folgenden in Auszügen wiedergegebenen Bericht mit den Ergebnissen des vierten Treffens geht hervor, dass zu diesem Zeitpunkt die Firma Walther mit Entwicklungsarbeiten für ein „V-G für sS-Patrone" beschäftigt war. Die Firma Gustloff dagegen verzeichnet eine Freigabe für Arbeiten an einem „V-G für sS-Patrone lang und Kurzpatrone". Rheinmetall Sömmerda wiederum soll ein „V-G Einzel- und Mehrlader für sS-Patrone" verwirklichen.

Dies überrascht, da auf Seite 3 des Dokuments festgestellt wird, dass Walther den alleinigen Zuschlag für ein „V-G für die sS-Patrone" erhalten hat und zu diesem Zeitpunkt die Serienfertigung vorbereitet. Es wird jedoch Bezug auf eine Mitteilung Reichsminister Speers genommen, nach der Hitler nicht nur bestimmt hat, dass der Karabiner 98k nicht durch das Volksgewehr zu ersetzen ist, sondern auch, dass neben dem Walther-Entwurf auch andere bereits fertig entwickelte VG-Mehrladerausführungen, die „den Schussbedingungen" entsprechen, unabhängig von der Gesamtproduktion in kleinen Mengen gefertigt werden dürfen. Die Formulierung „durch Freimachung örtlicher Kapazitäten und besonders durch den Einsatz persönlicher Initiative einzelner Führungsstellen" scheint passgenau auf das Wirken des SS-Standartenführers Erich Purucker in Bezug auf das VG-2 zugeschnitten zu sein. Auch die folgenden Seiten des Dokuments geben interessante Einblicke in den Stand des Volksgewehrprogramms Mitte Dezember 1944.

Der Reichsminister
für Rüstung und Kriegsproduktion
Sonderkommission Infanteriewaffen.
SK Nr.40403 g.Rs.

Oberndorf/Neckar, den 8.1.45.

Geheime Reichssache

B e r i c h t

über die Sitzung der Sonderkommission
Infanteriewaffen am 12. und 13.12.44
in Suhl/Thür.

Am Dienstag den 12.12.44 fand eine Besichtigung der bei den Firmen Walther, Gustloff, Haenel, Rheinmetall und Excelsior laufenden Entwicklungen in Zella-Mehlis und Suhl statt.

1. **Walther:**   Verbesserung des K 43
                 V-P
                 ZF-Halterung mit festem Abkommen
                 V-G für sS-Patrone

2. **Gustloff:**   V-G für sS-Patrone lang und Kurzpatrone
                 Pistole 7,65 mm (Spritzgussteile)
                 Deckungszielgerät D Z G für Panzerschreck
                 Deckungszielgerät D Z G für K 43 und St-G 44
                 Deckungszielgerät D Z G für MG 42
                 Mündungsbremsen
                 Fliegerdrehscheibe (im Lichtbild)
                 Fliegerabwehrvisier

3. **Rheinmetall, Sömmerda:**   Fallschirmjägergewehr F-G 42
                 V-G Einzel- und Mehrlader für sS-Patrone.

4. **Excelsior:**   MG-Lafette 43 im Vergleich mit Lafette 34/42

5. **Haenel:**   Verbesserungen am St-G 44 mit Besichtigung der Fliessbandmontage.

Ausserdem wurde von der Techn. SS- und Polizei-Akademie ein Vorschlag von SS-Oschaf. F r a n k betr. neue Stützen für MG-Lafette 34 mit umklappbaren Holzrädern vorgestellt.

Alle Geräte wurden soweit möglich im Beschuss vorgeführt, die Funktion und der augenblickliche Entwicklungsstand erläutert.

- 2 -

Am Mittwoch, den 13.12.44 eröffnet Herr von Loßnitzer die
Sitzung, begrüsst die Teilnehmer und tritt in die Tagesordnung ein.

I. Neue Entwicklungsvorhaben.

Es liegen 3 Neuanträge vor, die besprochen werden müssen:

1.) OKH Wa Prüf 2 hat Antrag gestellt, in die Entwicklung der vereinfachten MP Gruppe I Nr.9 zusätzlich die Firma Rheinmetall-Borsig einzuschalten. Es bestehen hiergegen keine Bedenken.

2.) Flammenwerfer:
Es wurde in der letzten Sitzung vorgetragen, dass für die Entwicklung neuer Flammenwerfer ein Antrag gestellt wird, der inzwischen eingegangen ist. Die Reichweite der Flammenwerfer ist zu erhöhen, da der Gegner bereits grössere Reichweiten erzielt.
Es handelt sich um 3 Vorhaben:
  a. Pulverdruckmehrladegerät bei Firma Reimers, Kiel und Mauser-Werke Oberndorf a.N.
  b. Vergrösserung der Reichweite des FMW 46 bei DWK Berlin-Borsigwalde auf 60 m bei 6 kg Gewicht.
  c. Stickstoff-Mehrladegerät für Flammpanzer bei den Firmen Buck, Göppingen, Stahlbau Wendeler, Süssen und Mauser, Oberndorf/N. in Gemeinschaftsarbeit.

Der Zweck der Neuentwicklung ist, die geringere Güte der uns zur Verfügung stehenden Flammöle durch technische Verbesserungen der Werfer auszugleichen.

Da die Vorhaben a) in Gruppe I, 5 und b) in Gruppe II, 2 bereits erfasst sind, wird nur das Vorhaben c) neu aufgenommen in Gruppe II, 6. Das zu diesem Gerät gehörige Strahlrohr wird von der Firma Mauser entwickelt.
Gen.Lt.Beisswänger weist darauf hin, dass die zurzeit eingebauten Festungs-Flammenwerfer schleunigst umgebaut werden müssen, da bei der jetzigen Ausführung der Flammstrahl zu hoch liegt, sodass es einem Gegner mit Asbestanzügen leicht möglich ist, mit Nahkampfmitteln den Werfer ausser Gefecht zu setzen. Waldsdorff: Der Bearbeiter ist O.Baur.Lips Wa Prüf Fest. Man glaubte, Nahverteidigungsschutz zu haben, dies trifft jedoch nicht ausreichend zu.
Vorsitzer: Ich habe Marine und Luftwaffe veranlasst, bei ihren Entwicklungsplanungen für Schnellboot- und Flugzeugausrüstungen sich mit Wa Prüf (BuM) 1/Pi in Verbindung zu setzen, da dort die meisten Er-

fahrungen vorliegen. Damit sind die Wehrmachtsteile gleichgeschaltet.
Niemann erkundigt sich, ob ein Gerät des Gegners, von dem Reichweiten bis 140 m bekannt geworden sind, in deutschen Händen ist. Das ist nicht der Fall. Es wurde noch das Schreiben des Reichsministers Speer vom 6.12.44 verlesen, in dem der Führer die Weiterentwicklung von Flammpanzern und die Erhöhung der Reichweiten der Flammenwerfer fordert.

3.) **Neue Lafette für kleine Ringstände.**
Wa Prüf 2 stellt Antrag auf Neuentwicklung einer Lafette für St-G 44 mit gebogenem Lauf für kleine Ringstände. Damit soll erweiterter Verwendungszweck für den gebogenen Lauf ähnlich der Verwendung im Panzer erreicht werden. Als Entwicklungsfirmen werden Schichau und Rheinmetall vorgeschlagen. Wird als Kurzentwicklung Nr.13 aufgenommen.

Zur Frage der Behelfsleuchtpistole (s.Bericht über die Sitzung Weimar S.17 Pkt.4) wurde von Oberst Gaul im Sinne des Berichtes an HAW eine Anfrage gerichtet, wie weit die Forderung des Heeres auf Versorgung mit mindestens 30.000 normalen LP monatlich erfüllt werden kann. In der Antwort wurden folgende Ausstosszahlen mitgeteilt:
September 1944: 31.500   Oktober 1944: 36.639.
Die Produktion soll bis März 1945 auf 40.000 Stück gesteigert werden. Daher erübrigt sich die Aufnahme der Fertigung der Behelfsleuchtpistole. In der Aussprache über die Verteilungsquoten teilt Gen.Lt.Beisswänger mit, dass für Heer 80%, Luftwaffe 15% und Marine 5% vorgesehen sind. AHA In 2 wird feststellen, welcher Anteil der dem Heer zugewiesenen 80% für die Infanterie zur Verfügung steht. Waffen SS (UStuF Gruber) wird klären, ob auch die Waffen-SS ausreichend versorgt wird.
Holl wird die Fertigungsplanung nochmals überprüfen.

II. Laufende Entwicklungsvorhaben.

A. Kurzentwicklungen.

1. Volksgewehr.
Es wurde festgestellt, dass eine Entscheidung des B.d.E. hinsichtlich des Gewehrs für die sS-Patrone für das von der Firma Walther eingereichte Muster gefallen ist, dessen Fertigung vorbereitet werden soll. Weiter verlas der Vorsitzer eine Mitteilung von Reichsminister Speer,

- 4 -

nach der der Führer bestimmt hat, dass der K 98 k nicht durch das V-G ersetzt werden solle. Es bestünden keine Bedenken, dass neben dem Walther-Gewehr sonstige bereits angelaufene und den Schussbedingungen entsprechende V-G-Mehrladerausführungen durch Freimachung örtlicher Kapazitäten und vor allem durch Einsatz persönlicher Initiative einzelner Führungsstellen unabhängig von der Gesamtproduktion in kleineren Mengen gefertigt werden. In der Aussprache wurde darauf hingewiesen, dass die vorgeschriebene Prüfung der Entwicklungen durch Wa Prüf sich auf alle zur Fertigung kommenden Typen erstrecken muss. Es wurde noch berichtet, dass das Volksgewehr der Deutschen Industriewerke bei der Erprobung durch Wa Prüf 2 nicht allen Forderungen entsprochen hat und trotzdem mit 30.000 Stück aufgelegt sei. Weiter wurde auf die Vorteile einer einheitlichen Fertigung nur eines Musters unter möglichster Verwendung handelsüblicher Werkzeuge und einfachster Betriebsmittel hingewiesen.

<u>Holl</u> erinnert an den Vorteil der erreichten einheitlichen Fertigung des K 98 k und weist darauf hin, dass die gedachte gaueigene Fertigung wegen der ungleichen Verteilung von Fertigungsstellen, der schwierigen Organisation, der uneinheitlichen Materialbeschaffung, des Zeichnungsaustausches, der Abnahmebedingungen usw. Schwierigkeiten zeitigen werde. Bei der Fertigung kann nicht der eine Betrieb dem anderen helfen, da z.B. bei Vorrichtungen und Fertigungsplänen andere Voraussetzungen gegeben sind. Es wurde angeregt, diese Gesichtspunkte dem Chef - H - Rüst durch den Vorsitzer unter Beiziehung der Vertreter der Fertigung vorzutragen.

<u>Walther</u> teilte den Inhalt eines Fernschreibens vom 6.12. vom HAW mit, wonach die Fertigung des V-G Walther unter Führung seiner Firma als Leitfirma zentralisiert wird. Endgültige Zeichnungen von diesem Gerät liegen vor. Für die Fertigung dieses Gerätes wurden bereits in mehrwöchigen Tag- und Nachtarbeiten die Arbeitspläne aufgestellt. Das müsste sich in jedem anderen Falle wiederholen. Sein V-G sei teilweise umkonstruiert worden, um die in einzelnen Gauen noch vorhandenen Kleinlager von Normalwerkzeugen ausnutzen zu können.

<u>Beisswänger:</u> Der erste Gedanke, dass Dorfschmiedemeister usw. in die Fertigung eingespannt werden sollen, ist inzwischen aufgegeben worden. Aus dieser Überlegung heraus ist die heutige Lage entstanden.

Inzwischen ist die Entwicklung des VG-Mehrladers für die Kurzpatrone angelaufen. Es wurde befürchtet, dass infolge des kürzeren Laufs (550 mm) der Rückstoss stärker wurde als beim K 98 k.

<u>Oberst Heidlen</u> stellt hierzu fest, dass bei den beschossenen Ausführungen eine Vergrösserung des Rückstosses nicht festzustellen war.

Bedenken sind also nicht vorhanden. Die Firmen werden ihre Entwicklungen für die Kurzpatrone Wa Prüf 2 vorlegen. Die erste Prüfung soll am 15.12.44 stattfinden.

Lindlau: Firma Steyr arbeitet z.Z. an einem Gewehr mit Kurzpatrone. Auftrag wurde vom HA-Waffen erteilt. Entwürfe haben Wa Prüf 2 vorgelegen.

Mit dieser Entwicklung sind beschäftigt die Firmen Erma, Gustloff, Rheinmetall, Steyr, Walther und Mauser. Appel und Bergmann scheiden aus.

Holl: Wurden Waffenwerke Brünn zur Teilnahme aufgefordert? Es wird der Firma anheimgestellt, sich noch zu beteiligen.

Haidlen weist darauf hin, dass die Prüfung am 15.12. anläuft und bis Ende Dezember durchgeführt sein muss. Dieser Termin ergibt sich aus der Forderung, dass die seriennmässige Fertigung dieser Waffe schnellstens vorzubereiten ist.

Beisswänger gibt bei der Besprechung der Visiervorrichtung den Inhalt einer Ministerentscheidung bekannt, wonach für den vereinfachten K 98 k und das VG ein einfachstes Schiebevisier gefordert wird.

Holl: Die Forderung ist für den K 98 k bereits durch die Schaffung eines Schiebvisiers ohne Kurven bis 500 m durch die Fertigung verwirklicht. Dessen Fertigungszeit erfordert mit 20 Minuten etwa 10 % der Gesamtfertigungszeit der Waffe. Ein einfaches Standvisier für 200 m lässt sich in 2-3 Minuten fertigen. Soll das VG dasselbe Schiebevisier wie der K 98 k bekommen, bedeutet dies eine Erhöhung der Fertigungszeit dieser Waffe.

Hierzu übermittelt Major Schulze den Inhalt des Fernschreibens von General Buhle, nach dem das VG-Walther als Ersatz für K 98 k abgelehnt und für K 98 k und alle Volksgewehrtypen ein Schiebevisier einfachster Fertigung gefordert wird.

Die Aussprache über die Visierfrage zeigt die Notwendigkeit, entsprechend dem geringen Fertigungsaufwand des Volksgewehres auch ein einfaches Visier zu schaffen. Es wird daher eine neue Kurzentwicklung beantragt und genehmigt: "Einfachstes Visier K 98 v und VG". Für den K 43 ist dieses neue Visier nicht vorzusehen.

2.) Einfachste Pistole 9 mm (VP)

Gustloff scheidet auf eigenen Wunsch als Entwicklungsfirma aus, da ein Modell termingemäß nicht fertig werden kann. Dann wird die endgültige Stellungnahme vom Büro Dürrenberger verlesen, welche den Fertigungsvergleich festhält.

– 6 –

<u>Haidlen</u>: Beide Waffen sind von Wa Prüf beschossen worden und haben im allgemeinen die Forderungen erfüllt. Unwesentliche Änderungen liegen im Rahmen der Weiterentwicklung.

<u>Freytag</u>: Bei der Erprobung durch die Inf.-Schule Döberitz wurde im einzelnen folgendes festgestellt:

Modell Mauser: Abziehen erfordert starke Kraftanstrengung. Rückstoß ist unangenehm und verursacht bei längerem Schießen Schmerzen in der Hand. Abzuggang ist zu lang.

Modell Walther: Abzugkraft und Rückstoß sind normal. Länge des Abzugganges ist gut. Zerlegbarkeit ausreichend. Die Trefflleistung genügt. Beide Muster sind noch nicht truppenbrauchbar.

<u>Heynen</u>: Beide Waffen müssen weiterlaufen. Die von der Truppe geforderten Verbesserungen müssen schnellstens eingearbeitet werden.

3. <u>Umarbeitung der MP Sten</u>
Arbeiten sind abgeschlossen. Vorhaben wird gestrichen.

4. <u>5 Schuß-Magazin für Zielfernrohr K 98 k</u>
Das Vorhaben wird gestrichen, da in Zukunft der Kasten einen festen Boden erhält, sodaß verlängerte Patronenmagazine nicht mehr angebracht werden können.

5. <u>Deckungszielgeräte für Infanterie</u>
Die Geräte befinden sich bei In 2 zur Erprobung. Anfang Januar fällt die Entscheidung über Truppenbrauchbarkeit. Entwicklung läuft weiter.

6. <u>Pak-Drehscheibe</u>
Muster ist in Erprobung. Entwicklung läuft weiter.

7. <u>Halterungen und Gewehrträger für Beute-MG</u>
Entwicklung läuft weiter.

8. <u>Pannensichere Fahrradbereifung</u>
Entwicklung läuft weiter.

9. <u>Maschinenwaffen-Prüfstand</u>
Die abschließende Prüfung durch das Amt ist eingeleitet.
Neue Bezeichnung: Preßluft-Einlaufmaschine für MG 42.

10. <u>Granatvisier zum Gewehrgranatgerät für Handfeuerwaffen</u>
Z.Zt. im Truppenversuch bei In 2. Entscheidung steht noch aus.

Auszug aus:

Liste aus dem Anhang des Berichts über die Sitzung der Sonderkommission Infanteriewaffen am 12. und 13.12.1944 in Suhl/Thüringen.

Dem in Auszügen auf den vorigen Seiten wiedergegebenen Bericht der Sonderkommission Infanteriewaffen ist folgende Auflistung von „Kurz-Entwicklungen" beigegeben, die zum Stand Dezember 1944 von der SKInfWaffen beaufsichtigt wurden.

An erster Stelle wird das Projekt „Volksgewehr für Kurzpatrone 43" genannt, für das zu diesem Zeitpunkt noch praktische Erprobungen in Kummersdorf liefen. Interessant ist die explizite Nennung der noch an der Entwicklung beteiligten Firmen, nämlich Erma, Gustloff, Rheinmetall-Sömmerda, Walther, Mauser und Steyr.

Liste
der Kurz-Entwicklungen der Sonderkommission Infanteriewaffen

1) Entwicklung Volksgewehr für Kurzpatrone 43
    Entwicklungsfirma: Erma, Gustloff, Rheinmetall-Sömmerda, Walther, Mauser, Steyr.

2) Einfachste Pistole 9 mm (Pi Patr. 08)
    Entwicklungsfirma: Walther, Mauser.

3) Deckungszielgeräte für Infanterie
    Entwicklungsfirma: Gustloff

4) Pak-Drehscheibe
    Entwicklungsfirma: Appel

5) Halterungen und Gewehrträger für Beute-MG
    Entwicklungsfirma: Excelsior

6) Pannensichere Fahrradbereifung
    Entwicklungsfirma: Hagemann.

7) Preßlufteinlaufmaschine für MG 42
    Entwicklungsfirma: Mauser

8) Granatvisier zum Gewehrgranatgerät für Handfeuerwaffen
    Entwicklungsfirma: Bergmann

9) Nachtvisier für K 43 und St.G 44
    Entwicklungsfirma: Walther

10) MG-Türme für Befestigungen
    Entwicklungsfirma: Schichau, Skoda, DHHV

11) MG-Ringstandlafette (Verschwindlafette)
    Entwicklungsfirma: Excelsior

12) Untersuchung Funktionssicherheit des K 43 bei verschiedenem Einziehen in die Schulter (für Abnahmeschießen)
    Entwicklungsfirma: Mauser

13) Neue Lafette für kleine Ringstände
    Entwicklungsfirma: Schichau, Rheinmetall

14) Mündungsfeuerdämpfer für Handfeuerwaffen
    Entwicklungsfirma: Gustloff

15) Einfachstes Visier für K 98 v und VG
    Entwicklungsfirma: ?

Auszug aus:

Bericht des Heereswaffenamtes, Abteilung Waffenamt Prüfwesen (Wa Prüf 2 – Abteilung Infanterie)

In diesem leider undatierten Dokument vermittelt die Abteilung Wa Prüf 2 des Heereswaffenamtes folgenden Stand des Volksgewehrprogramms:

„*II. Infanteriegerät*
   2) Volksgewehr
      a) Volksgewehr für die Gewehrpatrone SmE:
      Die Entwicklung ist abgeschlossen.
      Chef H Rüst und BdE hat nach Erprobung und Durchrechnung der Muster entschieden, daß das VG-Walther der Fa. Carl Walther wegen überlegener Funktionssicherheit und fertigungstechnischer Vorteile gegenüber den anderen vorgestellten Mustern eingeführt wird. Gerätezeichnungen sind erstellt, Betriebsmittelzeichnungen in Aufstellung begriffen. Die Fertigung soll bei den Firmen Mauser und Waffenwerke Brünn durchgeführt werden. Fertigungsanlauf wird vom Arbeitsstab Gewehre im Hauptausschuß Waffen zur Zeit festgelegt.

      b) Volksgewehr für die Kurzpatrone 43:
      Die Entwicklung ist noch nicht abgeschlossen.
      Termin für Vorlage der ersten Muster durch die Firmen bei Wa A am 15.12.1944."

Da das Dokument auf den 15. Dezember 1944 als zukünftigen Termin Bezug nimmt, muss es zumindest einige Wochen vor diesem Tag verfasst worden sein. Der Hinweis, dass die Fertigung bei den Firmen Mauser und Waffenwerke Brünn durchgeführt werden soll, zeigt, dass die Produktionsplanung zu diesem Zeitpunkt bei Weitem noch nicht abgeschlossen war. Schließlich sind VG-1 mit dem Codestempel der Waffenwerke Brünn durchaus bekannt, solche mit Markierungen der Firma Mauser jedoch nicht.

Geheime Kommandosache   496

1. Anlage zu Wa A Nr. 2709/44 g.Kdos.
   Wa Stab Ia

Wa Prüf.

II. **Infanteriegerät**.

2) **Volksgewehr**.

a) Volksgewehr für die Gewehrpatrone SmE:
   Die Entwicklung ist abgeschlossen.
   Chef H Rüst und BdE hat nach Erprobung und Durchrechnung der Muster entschieden, daß das VG-Walther der Fa. Carl Walther wegen überlegener Funktionssicherheit und fertigungstechnischer Vorteile gegenüber den anderen vorgestellten Mustern eingeführt wird. Gerätezeichnungen sind erstellt, Betriebsmittelzeichnungen in Aufstellung begriffen. Die Fertigung soll bei den Firmen Mauser und Waffenwerke Brünn durchgeführt werden. Fertigungsanlauf wird vom Arbeitsstab Gewehre im Hauptausschuß Waffen zur Zeit festgelegt.

b) Volksgewehr für die Kurzpatrone 43:
   Die Entwicklung ist noch nicht abgeschlossen.
   Termin für Vorlage der ersten Muster durch die Firmen bei Wa A am 15.12.44.

5) MG 42 v und MG-Laf. 43
   Die Weiterentwicklung des MG 42 auf Funktionssicherheit, Fertigungsvereinfachung und Verwendung geringwertigeren, insbes. sparstofffreien Materials ist auf zwei Wegen betrieben worden:

a) Zwischenlösung MG 42 mit Massenverschluß:
   Verwendung des in den Versuchen mit MG 42 v bewährten Massenverschlusses im jetzigen MG 42 mit Veränderungen am Gehäuse, Lauf und anderen Teilen. Die Zwischenlösung ist als Sofortlösung gedacht, falls sich beim MG 42 durch Munitionsverschlechterung, durch Einbrüche in die Fertigung oder Mangel an Chrom zunehmende Schwierigkeiten ergeben würden. Von der Zwischenlösung können Teile in die Fertigung des MG 42 einbezogen werden. Die dadurch notwendige Fertigungsumstellung ist aber kaum weniger umfangreich als die Umstellung der Fertigung auf das MG 42 v. Die Entwicklung läuft und wird fertigungstechnisch als Schubkastenlösung vorbereitet. Für Fertigung MG 42 ist für erstes Halbjahr 45 der Chrombedarf sichergestellt.

Auszug aus:

Stellungnahme des Generals der Infanterie im Oberkommando des Heeres zu den Ergebnissen einer Entwicklungs- und Fertigungsbesprechung vom 7. Dezember 1944

In diesem Schreiben nimmt der General der Infanterie zum Volksgewehr-Programm Stellung. Es datiert vom 12. Dezember 1944.

„Der Gen d Inf nimmt zu dem Bezugsschreiben wie folgt Stellung:

> *1. Volksgewehr.*
> *Die Fertigung des Volksgewehr „Walther" kommt nur als Volksgewehr, jodoch nicht als Ersatz für den Karabiner 98 k in Frage. Über die Fertigung weiterer Volksgewehr-Typen außer dem „Walther"-Gewehr und über die Entwicklung des Volksgewehrs für die Kurzpatrone 43 wird gebeten, den Gen d Inf auf dem Laufenden zu halten."*

Die Hauptaufgaben des „Generals der Infanterie im Oberkommando des Heeres" (bis 25. Oktober 1944 „General der Infanterie beim Chef des Generalstabes des Heeres") bestanden in der praktischen Auswertung von Kriegserfahrungen für Kampfführung, Ausbildung, Gliederung, Bewaffnung und Ausrüstung seiner Waffengattung. Seine Zuständigkeit erstreckte sich sowohl auf die Truppen des Feldheeres, als auch auf die des Ersatzheeres. In Bezug auf den Volkssturm war der Gen d Inf im OKH relevant, da ihm explizit die Förderung der Schießausbildung bei den im Heimatkriegsgebiet außerhalb der Wehrmacht bestehenden Verbänden oblag.

Wichtig ist ihm wiederum die Unterscheidung zwischen Wehrmachts- und Volkssturmbewaffnung – die Ausgabe der minderwertigen Waffen an die Berufsarmee ist auch für ihn ausgeschlossen. Dass neben dem offiziell angenommenen VG-1 noch weitere Volksgewehrtypen in Produktion gehen werden, scheint dem Gen d Inf selbstverständlich zu sein, er wünscht lediglich darüber informiert zu werden.

Der General der Infanterie
im Oberkommando des Heeres
Ib Nr. 1646 /44 g.Kdos.

H Qu OKH, den 12. Dezember 1944.
Fernruf: Emma 177.

5 Ausfertigungen
4. Ausfertigung

Bezug: Gen.Qu.Abt.III/Gr.Plan. Nr. I/015 114/44 g.K. vom 7.12.44.
Betr.: Entwicklungs- und Fertigungsbesprechung.

An
Gen.Qu./Abt.III/Gruppe Planung
Org.-Abteilung
AHA / Jn 2

Der Gen d Inf nimmt zu dem Bezugsschreiben wie folgt Stellung:

1. **Volksgewehr.**

Die Fertigung des Volksgewehr "Walther" kommt nur als Volks-gewehr, jedoch nicht als Ersatz für den Karabiner 98 k in Frage. Über die Fertigung weiterer Volksgewehr-Typen außer dem "Walther" Gewehr und über die Entwicklung des Volksgewehrs für Kurzpatronen 43 wird gebeten, den Gen d Inf auf dem laufenden zu halten.

2. **M.G. 42 vereinfacht.**

Mit der Behandlung der Zwischenlösung "M.G. 42 mit Massenverschluß" ist der Gen d Inf einverstanden. Dagegen werden die Vorteile der Neuentwicklung "M.G. 42 v", insbesondere die Funktionssicherheit auch bei starker Verschmutzung, mangelhafter Ölung und Verwendung von Munition mit schlechter Hülsenqualität für so wesentlich gehalten, daß hier folgendes gefordert werden muß:

a) Beschleunigung der Auslieferung von mehreren 100 Geräten für die Truppenversuche.

b) Sofortige Vorbereitung aller Fertigungsunterlagen zum Zwecke einer raschen Umstellung der Fertigung nach Abschluß der Truppenversuche.

Es muß geprüft werden, inwieweit die Umstellung ohne Absinken der Gesamtfertigung an M.G. 42 erfolgen kann und innerhalb welches Zeitraumes die totale Umstellung vollzogen sein kann. Keinesfalls darf die Angelegenheit als Schubkastenlösung behandelt werden.

3. **M.G.Lafette 43.**

Auch hinsichtlich der M.G.-Lafette 43 wird gebeten, alle Entwicklungsarbeiten und Fertigungsvorbereitungen zu beschleunigen.

Auszug aus:

Anlage zu Wa A Nr. 2709/44 g Kdos des Heereswaffenamtes

In diesem Schriftstück, das vermutlich vom November 1944 datiert, gibt das Heereswaffenamt eine Vorschau auf die zu erwartenden Produktionszahlen in der laufenden Waffenfertigung.

„*II. Infanterie-Gerät*

Vorschau

zu 1) <u>Handwaffen:</u>	Dez.	Jan.	Febr.	März	April	Mai
P. aller Art einsch. blechgestanzter P.	100.000	100.000	100.000	100.000	100.000	100.000
K 98 k	210.000	220.000	230.000	240.000	240.000	245.000
K 43	35.000	35.000	35.000	35.000	40.000	40.000
MP Beretta	25.000	30.000	30.000	30.000	30.000	30.000
Stu.G.44	65.000	75.000	80.000	85.000	90.000	100.000
Sten-Pistole	1.000	10.000	*(wegen Anlauf weitere Angaben z. Zt. noch nicht möglich).*			
	436.000	470.000				

Volksgewehr wegen Anlauf Angaben z. Zt. noch nicht möglich."

Mit Stand November 1944 war also noch keine belastbare Aussage bezüglich der zu erwartenden Volksgewehr-Produktion zu treffen. Beeindruckend sind allerdings die für die erste Hälfte 1945 angenommenen Fertigungsmengen für die Standardwaffen.

```
Wa A
Wa J Rü (WuG)                                                        501
                        Geheime Kommandosache
12.20.44            ?. Anlage zu Wa A Nr.2709/44 g.Kdos.
                                40 Ausfertigungen
                                10. Ausfertigung

                        II. Infanterie-Gerät
                        =====================
                                Vorschau
zu 1) Handwaffen:   Dez.    Jan.    Febr.   März    April   Mai

    P aller Art    100.000 100.000 100.000 100.000 100.000 100.000
    einschl.blech-
    gestanzter P.
    K 98 k         210.000 220.000 230.000 240.000 240.000 245.000
    K 43            35.000  35.000  35.000  35.000  40.000  40.000
    MP Beretta      25.000  30.000  30.000  30.000  30.000  30.000
    Stu.G.44        65.000  75.000  80.000  85.000  90.000 100.000
    Sten-Pistole     1.000  10.000  (wegen Anlauf weitere Angaben z.Zt.
                   ─────── ───────   noch nicht möglich).
                   436.000 470.000
                   ======= =======
```

Volksgewehr wegen Anlauf Angaben z.Zt. noch nicht möglich.

zu 6) MG.Z.44:

Es wird bemerkt, daß die Bezeichnung MGZ 44 noch nicht in Anwendung ist. Die Ersatzkonstruktion für MGZ 40 besteht aus dem ZF 4x12° und dem RA 44 a. 50 RA 44a stehen bereits als Versuchsstücke zur Verfügung. Bis zum 20.12. werden 10 Versuchsstücke ZF 4x12°, bis zum 31.12.44 40 weitere Versuchsstücke in handwerklicher Fertigung hergestellt.

Massenfertigung 4x12° setzt 8 Monate nach Entscheidung über Einführung des Gerätes mit 500 Stück ein und kann auf 2500 Stück/Monat gesteigert werden. Die Fertigung der RA 44a kann in jedem Falle dem Ausstoß der ZF 4x12° parallel gehalten werden.

In den nächsten Monaten ist mit folgenden Fertigungszahlen für MGZ 40 zu rechnen:

```
        1944                        1945
   Nov.   Dez.    Jan.    Febr.   März    April   Mai
   4000   4500    4500    5000    5000    5400    5400
```

zu 7) 8 cm Gr.W. 34/1:

In Auftrag gegeben sind einmalig 20.000 verstärkte Bodenplatten für Umbewaffnung bereits eingesetzter Gr.W.

```
Vorschau:   Dezember    3.000
            Januar      7.000
            Februar    10.000
                 zus.  20.000
```

-2-

zu Nr. 6377/44 g.

Auszug aus:

Reichsministerium für Rüstung und Kriegsproduktion: Ausstoss-Übersicht Waffen und Geräte - Organisationsabteilung III Nr. 105 316/45 g Kdos

Am 8. Februar 1945 gibt das Reichsministerium für Rüstung und Kriegsproduktion rückblickend für die vergangenen drei Monate die tatsächlichen Fertigungsmengen der laufenden Waffenfertigung bekannt:

„*A. Ausstoss-Übersicht: Waffen und Geräte*

Gerät	Jan. 45	Dez. 44	Nov. 44
Karab., Gew., Stu.Gew. u. M.P.	280.620	297.296	307.764
dav.: K 98 k	162.600	181.991	197.419
K 43	38.000	36.415	32.500
FG	1.310	–	–
VG	7.397	30.000	30.000
Sturmgew. 44	41.513	49.800	35.100
M.P.40 u. 38a(i)			
MP Sten	27.200	28.471	22.740"

Für den Januar 1945 meldet die Behörde also die tatsächlich erfolgte Herstellung von 7.397 Volksgewehren. Ob es sich dabei allerdings ausschließlich um das VG-1 oder auch um andere Konstruktionen gehandelt hat, ist aus dem Dokument nicht zu erfahren.

Geheime Kommandosache

Organisationsabteilung III
Nr. 105 516/ 45 g.Kdos   8.2.1945

5 Ausfertigungen
5. Ausfertigung

A. Ausstoss-Übersicht: Waffen und Geräte

Gerät	Jan. 45	Dez. 44	Nov. 44
Karab., Gew., Stu.Gew.u.M.P.	280 620	297 196	307 764
dav.: K 98 K	162 600	181 991	197 419
K 43	38 000	36 415	32 500
FG	1 310	319	-
VG	7 397	-	5
Sturmgew. 44	41 513	49 800	55 100
M.P.40 u.38a(1)			
MP Sten	27 200	28 471	22 740
M.G. insgesamt	30 693	31 339	28 741
dav.: M.G. 42	23 573	23 327	21 231
M.G. 34	7 050	8 012	7 510
Flamm.W. 41	1 400	2 180	3 300
Flamm.W. 46	2 700	7 000	3 500
8 cm Gr.W. 34	1 564	3 950	3 680
12 cm Gr.W. 42	151	337	400
21 cm Gr.W.	45	-	-
7,5 cm Pak 40	301	1 006	1 035
dav.: auf Räderlaf.	301	808	964
FK 85 bzw. FK 85 a	-	100	10
8,8 cm Pak 43	115	232	216
dav.:auf Räderlaf.	115	232	210
le.J.G. insgesamt	373	355	225
dav.: le.J.G. 18	204	194	186
J.G. 37	-	33	9
J.G. 42	109	88	30
PWK B H 63	60	40	-
s. J.G. 33	230	200	201
Geb. Gesch. 36	33	37	32
10,5 cm Geb. Haub. 40	-	15	22
le.F.H.	399	1 082	919
dav.: auf Räderlaf.	366	930	909
10,5 cm Stu.H.42	33	152	10
s. 10 cm Kan.	31	75	75
s. F.H.	140	301	315
dav.: auf Räderlaf.	140	271	266
17 cm Kan. in Mrs.Laf.	-	3	1
21 cm Mrs. 18	4	1	4
21 cm K 39, 39/40 u.52	1	4	-

-2-

Auszug aus:

Reichsministerium für Rüstung und Kriegsproduktion: Ausstossübersicht Waffen und Gerät im Februar 1945 – GenStdH/Rm.f.Rü.u.Kr.Prod. Nr. 114/45 g Kdos

Am 7. März 1945 meldet das Reichsministerium für Rüstung und Kriegsproduktion dieses Mal rückblickend für die vergangenen zwei Monate die tatsächlichen Zahlen der laufenden Waffenfertigung:

„*Betr.: Ausstossübersicht Waffen und Gerät im Februar 1945*

Lfd. Nr.	Gerät	Februar	Januar
1	Karab., Gew., Stu.Gew. u. M.P.	206.875	282.508
2	dav.: K 98 k	79.800	165.329
3	K 43	37.000	38.000
4	FG	1.378	1.310
5	VG	19.897	8.397
6	Sturmgewehr 44	34.300	41.683
7	M.P.40 u. 38a(i) MP Sten	30.000	25.689

Im Februar 1945 konnte die Volksgewehrproduktion somit auf 19.897 Stück gesteigert und die Zahl für den Vormonat auf 8.397 nach oben korrigiert werden. Wieder ist über die Art der hergestellten Typen nichts vermerkt. Es ist interessant zu beobachten, dass bei einigen Waffentypen die Produktion zurückging, während sie bei anderen sogar gesteigert werden konnte.

2 Abschr.Ausf.
.Absdhr.Ausfl

V.O.
GenStdH/Bm.f.Rü.u.Kr.Prod.   Berlin, den. 7.3.1945
Nr.114/45 g.Kdos.,   3 Ausfertigungen
                                2.Ausfertigung

An

Gen Qu/Abt.III-Gr.Plan
Org.Abt.

Betr.: Ausstossübersicht Waffen und Gerät im Februar 1945

Nach Angabe des Reichsministeriums für Rüstung und Kriegsproduktion
liegen für Februar folgende Ausstosszahlen vor:

Lfd. Nr.	Gerät	Februar	Januar
1	Karab., Gew., Sturmgew. u.MP	206 875	282 508
2	dav.: K 98 K	79 800	165 329
3	K 43	37 000	38 000
4	FG	1 378	1 310
5	VG	19 897	8 397
6	Sturmgewehr 44	34 300	41 683
7	MP 40, 38a(i) MP Sten	30 000	25 689
8	MG insgesamt	25 398	30 693
9	dav.: MG 42	18 921	23 573
10	MG 34	6 477	7 050
11	Flamm.W.41	1 400	2 000
12	" 46	10 000	2 700
13	8 cm Gr.W.34	2 075	1 553
14	12 cm Gr.W.42	135	151
15	21 cm Gr.W.	30	45
16	7,5 cm Pak 40	291	301
17	dav.: auf Räderlaf.	291	301
18	FK 85 bzw. FK 85a	-	-
19	8,8 cm Pak 43	165	115
20	dav.: auf Räderlaf.	165	115
21	le.J.G. insgesamt	286	373
22	dav.: le.J.G.18	166	204
23	J.G.37	-	-
24	J.G.42	60	109
25	P.W.K. 8 H 63	60	60
26	s.J.G.33	100	230
27	Geb.Gesch.36	13	34
28	10,5 cm Geb.Haub.40	40	2
29	le.F.H.	199 + 150	397
30	dav.: auf Räderlaf.		364
31	10,5 cm Stu.Hau.42	25	33
32	s-10 cm K	30	31

- 2 -

Auszug aus:

Reichsministerium für Rüstung und Kriegsproduktion: Ausstossübersicht Waffen und Geräte im März 1945 – GenStdH/Rm.f.Rü.u.Kr.Prod. Nr. 154/45 g. K.

Dieses Dokument vom 11. April 1945 weist rückblickend für die vergangenen zwei Monate folgende Zahlen der laufenden Waffenfertigung aus:

„Betr.: Ausstossübersicht Waffen und Geräte im März 1945

Lfd. Nr.	Gerät	März	Februar +)
1	Karab., Gew., Sturmgew. u. M.P.	234.533	207.444
2	dav.: K 98 k	106.275	79.363
3	K 43	23.700	38.006
4	FG	1.185	1.378
5	VG	24.739	19.897
6	Sturmgewehr 44	48.633	34.300
7	M.P.40 u. 38a(i) MP Sten	(30.000)	30.000

[...]

+) *gegenüber den mit V.O. Nr. 114/45 g. K. v. 7.3.45 mitgeteilten Februar-Zahlen ergeben sich verschiedene Differenzen, da im Februar die Änderungen vom Rm.f.Ruk nicht mitgeteilt worden sind."*

Im vorletzten Kriegsmonat konnte die Fertigung der Volksgewehre noch einmal von 19.897 Stück im Februar auf 24.739 Stück im März gesteigert werden. Die Zahl für den Vormonat blieb dieses Mal unverändert. Immerhin findet sich auf diesem Dokument sogar eine Fußnote, die die Korrektur der Vormonatszahlen bei einigen der anderen Waffenmodelle erläutert. Über die Art der hergestellten Volksgewehrtypen wird weiterhin nichts vermerkt. Wieder ist es beachtlich, dass bei nicht wenigen Waffentypen die Produktion so kurz vor Kriegsende noch einmal gesteigert werden konnte.

Geheime Kommandosache

3.Abschr.Ausf.
.Abschr.Ausf.

Zu Org.Z/5569/45 g.K.

V.O.
GenStdH/Rm-.f.Rü.u.Kr.Prod.
Nr. 151/45 g.K.

Berlin, den 11.4.1945
3.Ausfertigungen
2.Ausfertigung

An
Gen Qu - Abt.III - Gr.Plan
Org.Abt.

Betr.: Ausstossübersicht Waffen und Geräte im März 1945.

Nach Angaben des Reichsministers für Rüstung und Kriegsproduktion liegen für März folgende Ausstosszahlen vor:

Lfd. Nr.	Gerät		März	Februar +)
1	Karab., Gew., Sturmgew. u.M.P.		234 533	207 444
2	dav.: K 98 k		106 275	79 363
3	K 43		23 700	38 006
4	FG		1 185	1 378
5	VG		24 739	19 897
6	Sturmgewehr 44		48 633	34 300
7	MP 40, 38 a (1) MP Sten		(30 000)	30 000
8	MG insgesamt		25 705	25 396
9	dav.: MG 42		19 383	18 921
10	MG 34		6,322	6 275
11	Flamm.W.41		1 660	1 400
12	" 46		6 500	10 000
13	8 cm Gr.W.34	ua.	2 000	2 235
14	12 cm " 42		-	135
15	21 cm " aus Umbau		18	3
16	7,5 cm Pak 40		123	317
17	dav.: auf Räderlaf.			270
18	FK 85 bzw. K 7 M 59			10
19	8,8 cm Pak 43	ca.	75	132
20	dav.: auf Räderlaf.			132
21	le.J.G. insgesamt		380	285
22	dav.: le.J.G.18		180	165
23	J.G.37		-	-
24	J.G.42		100	60
25	PaK 8 H 63		100	60
26	s.J.G.33		72	108
27	Geb.Gesch.36		19	13
28	10,5 cm Geb.Hau.40	ca.	20	39
29	le.F.H.		332	325
30	dav.: auf Räderlaf.		108	
31	10,5 cm Stu.Hau.42		62	25
32	Feldh.		110	150
	le.F.H.Rdre.inLaf.(r) Ersatzheer		52	

+) gegenüber den mit V.O. Nr.114/45 g.K. v.7.3.45 mitgeteilten Februar-
zahlen ergeben sich verschiedene Differenzen, da im Februar die Änderungen vom Rm.f.Ruk nicht mitgeteilt worden sind.

33

Auszug aus:

Reichsministerium für Rüstung und Kriegsproduktion: Derzeitige Waffen-Fertigung – Organisationsabteilung III Nr. 5666/45 g. Kdos

Am 26. April 1945 meldet die Organisationsabteilung III im Reichsministerium für Rüstung und Kriegsproduktion noch einmal aktuelle Herstellungszahlen bezüglich Waffen und Gerät:

„Derzeitige Waffen-Fertigung

Waffen	Fertigungszahlen	Herstellungsort	Schwierigkeiten	Bemerkungen
Pist.	30 000	Italien		
Karab.	15 000 (K 43)	Lübeck Brünner Waffenwerke Oberndorf		Mit Umbau 40 000 Kar. (i) wird gerechnet. 15 000 Karab. aus Brünn durch bereits abgefahren
	20 000	Steyr		Einzelteile fehlen noch – 2500 Kastenböden sind unterwegs aus Lübeck, Eintreffen fraglich
Volksgewehr	10 000	Steyr		*Zeitraum unbekannt"*

Gerade 10 Tage vor Kriegsende kündigt sich der nahende Zusammenbruch nun auch im Schriftverkehr des Reichsministeriums für Rüstung und Kriegsproduktion deutlich an. Die in dem Dokument enthaltenen Angaben werden zunehmend ungenau oder werden sogar explizit infrage gestellt.

Organisationsabteilung III
Nr. 5666/ 45 g.Kdos   26.4.1945

Geheime Kommandosache

Derzeitige Waffen-Fertigung

Waffen	Fertigungs-zahlen	Herstellungs-ort	Schwierig-keiten	Bemerkungen
Pist.	30 000	Italien		
Karab.	15 000 (K 43)	Lübeck Brünner Waffenwerke Oberndorf		Mit Umbau 40 000 Kar.(i) wird gerechnet. 15 000 Karab. aus Brünn durch H.Gr. Mitte bereits abgefahren
	20 000	Steyr		Einzelteile fehlen noch - 2500 Kastenböden sind unterwegs aus Lübeck, Eintreffen fraglich
Volksgewehr	10 000	Steyr		Zeitraum unbekannt
Stu.Gew.	25 000	Steyr		Gehäuse u. Griffstücke fehlen noch.
		Berlin (Schnittker)		soll anlaufen
Magazine f. Stu.Gew.		Lübeck		Material ausreichend
		Steyr		Fertigung aus Graz wird s.Zt. nach Steyr verlagert. Fertigung in Geislingen läuft an. Einzige lfd. Fertigung bei H.Gr. Mitte
M.P.	25 000	Italien		

-2-

- 2 -

Waffen	Fertigungs-zahlen	Herstellungs-ort	Schwierig-keiten	Bemerkungen
M.G.	MG 34: 4 000	Brünn		Die verschiedenen Einzelteile sind abtransportiert nach Rakonitz. Fertigung ist abhängig von Eintreffen von Einzelteilen von verschiedenen anderen Firmen
	MG 42: 7 400	Berlin		
	1 700	Steyr		Gehäuse sollen aus dem Erzgebierge unterwegs sein, sonst Fertigung unmöglich.
m.Gr.W.		Masch.Fabr. Donauwörth		zerschlagen
	200	Augsburger Waggonfabrik		Zieleinrichtungen bei den Berliner Physikalischen Werkstätten in Immenstadt
				Mehrausstoss angestrebt, neue Fertigung soll in Pransensfeste aufgezogen werden.
s.Gr.W.	200		Engpass Bodenplatten, die aber in Nürnberg ausreichend vorhanden sein sollen	Fertigung läuft ungestört.
le.J.G. 18	80	Strakonitz		vormaterialmässig gut gedeckt
s.Pak 40 (P.K. 59)	10-12 tägl.	Berlin (Ardelt)	Engpass Rohrbremsenmangel	verst. handwerksmässige Fertigung erstrebt.
8,8 cm Pak	150	Pilsen		
PWK 8 H 63	Fertigung gestoppt		Munitionsmangel	Kapazität wird deshalb bis auf weiteres für le.J.G. ausgenutzt.

- 3 -

- 3 -

Waffen	Fertigungs-zahlen	Herstellungs-ort	Schwierig-keiten	Bemerkungen
le.F.H.18/40	?	Masse in Hamburg; ferner Schichau/Elbing	Engpass Achsen und Räder	Ersatzfertigung in Hamburg im Entstehen, Betrieb wird von Hildburghausen nach Böhmen verlegt. Anlauf unbekannt.
s.F.H.18	200-250 monatlich 40 monatl.	Skoda Pilsen MAN Augsburg		) Protzen und Rohr-) wagen bei Fa. Bechen-) reiter, Bäumenheim) bei Donauwörth Ausserdem nach Umbau von russischen Beutelafetten mit deutschen Rohren noch etwa 40 Stück zu erwarten
10 cm Kan.	25			
Geb.Haub.40		Kapfenberg Steiermark	fraglich wegen Feindbedrohung	
Nb.W.	-	Maschinen-fabrik Donauwörth		Wegen Munitionsman-gel auf Befehl Wehrmachtstab Rüst Fertigung eingestellt
2 cm Flak	148	Oberndorf(Mauser) Brandenburg (nach Wiederher-stellung des Werkes)		nur Rohre
	Mun.500 000 150 000	Italien Süddeutschland		
2 cm Flak Vierl.		Chemnitz		
3.7 cm Flak				Fertigungskapasität verloren gegangen. Neuaufbau in Steyr beabsichtigt
8,8 cm Flak	-	Heidenhain(Voigt)		Es fehlen sämtliche Rohre u.Optik. Fertigungsmöglich-keit nicht mehr vor-handen.

-4-

- 4 -

Waffen	Fertigungs-zahlen	Herstellungs-ort	Schwierig-keiten	Bemerkungen
Pz. Faust	25 000	Oranienburg		
	20 000	Meran		
Panzer	150	Ardelt		
	140	Daimler-Benz		
	125	MBA		
Waffenträger 38	180			
Feldwagen	Ausstoss wechselnd	Mehrere Firmen in Süddeutschl.		
Feldküchen	2 000	Friedrichshafen		Behelfsfertigung mit Aluminiumkesseln im Anlauf
Gebirgskarren	etwa 100 mtl.	Dechtenreiter Bäumenheim		
	unregel-mässig	Innsbruck		
Geschirre	fraglich	Biberach a/R		Fertigung läuft an
Doppelfern-rohre	Bestand z.Zt. 5 000	Wattens	)	General Buhle legt auf Fertigung keinen Wert mehr
	Bestand z.Zt. 2 000	Frastanz	)	
Fahrräder		Graz		geringe unbekannte Kapazitäten

Über die Fertigung von Zubehör- u. Vorratssachen für Geschütze konnten nähere Angaben nicht gemacht werden. Ob eine Fertigung von Rundblick-fernrohren überhaupt möglich ist, wird noch geprüft. Zieleinrichtungen für die Hauptwaffen liegen in grösseren Mengen in den Heeres-Zeugämtern.

Um wichtige Maschinen aus den bedrohten Betrieben in Oberndorf und Geisslingen bergen zu können, ist es erforderlich, je 20 t Laderaum zur Verfügung zu stellen (wurde bereits veranlasst).

Inwieweit für die oben aufgeführten Waffen Munition gefertigt werden kann, hängt allein von der Sprengstofffrage ab.

Benötigt werden monatlich 900 t Sprengstoff verschiedenster Art, von denen bisher nur 100 t sichergestellt sind. Die Fertigung in der benötigten Höhe ist möglich, wenn Salpetersäure, die bisher aus Linz geliefert wurde, aus Italien herantransportiert werden kann. Dieser Transport ist nicht nur von der Fahrzeuglage abhängig, sondern auch von dem Vorhandensein von Kessel-Lkw. mit säurefesten Kesseln.

Als Abhilfe war noch geplant, Bomben der Luftwaffe zu entladen. Inzwischen ist der grösste Teil dieser Bomben in Feindeshand gefallen.

- 5 -

Die Pulverfertigung genügt z.Zt. noch für die laufende Fertigung.

Zur Behebung der Transportschwierigkeiten wurde unter dem SS-Brigadeführer Zimmermann eine Organisation aufgezogen, die im süddeutschen Raum sämtliche Lkw's, auch von militärischen Dienststellen, beschlagnahmt und zu einem Grosstransportraum zusammenfasst. Aufgabe dieser Organisation ist es, in der Hauptsache Verpflegung aus den Gebieten nördlich der Donau, besonders aus dem Protektorat, zu bergen, da im Gebiet südlich der Donau die Bevölkerungszahl derartig angewachsen ist, dass die vorhandene Verpflegung nur noch für kurze Zeit ausreicht.

Fertigung eingestellt bei :
    le. J.G. 37
    s. J.G.
    15 cm Nb.W. (Kapazität für 8 cm Gr.W. ausgenutzt)

Unterlagen hierzu :
1.) ObdE/ Stab Ib(1) v. 6.4.
2.) Führungsspitze Gen.Qu./ Qu.3 v. 22.4. (nach Mitteilung Wa A/Ia)
3.) Bevollm. General f.d.Heeresversorgung B/ Qu.3/ WuG
    Nr. o11541/ 45 g.K. v. 23.4.45

Auszug aus:

Intelligence Bulletin, Vol. 3 – No. 6 February 1945
– herausgegeben von der Military Intelligence Division des US-War Department

Den Alliierten blieben die deutschen Anstrengungen zur Volksbewaffnung nicht verborgen. Durch die Befragung von in Gefangenschaft geratenen Wehrmachtsangehörigen erfuren sie schon vom Aufbau eines „Volkssturms", bevor die ersten dieser schlecht ausgerüsteten Zivilisten an die Front entsandt wurden.

Hatten die ersten Hinweise auf diese Mobilmachung auch unter zivilen Kräften zunächst große Besorgnis bei der Anti-Hitler-Allianz ausgelöst, so zeugt der folgende Auszug aus der im Februar 1945 an die kämpfende Truppe ausgegebenen Informationsschrift davon, dass zumindest die Amerikaner sehr wohl erkannt hatten, dass der Volkssturm nahezu jeder militärischer Wirksamkeit entbehrte. So heißt es darin über die Beweggründe der Parteiführung, eine Volksmiliz zu gründen:

> *First, to strengthen the defense of the Reich, and, second, to keep a large part of the population so thoroughly under military control that any incipient revolt against the party will have a hard time thriving. (S. 31)*

Somit war den Verfassern der Schrift völlig klar, dass die Nazis den Volkssturm nicht nur zur Reichsverteidigung gegründet hatten, sondern auch, um die Bevölkerung, und zwar besonders den wehrfähigen Teil, besser unter Kontrolle halten zu können. Die Menge der für den Volkssturm zur Verfügung stehenden Männer schätzten die US-Geheimdienstler zwar zu hoch ein, nicht jedoch deren schlechte körperliche Eignung für den Kriegsdienst:

> *Although it may succeed in mustering more than ten million men for local defense inside the Reich, a conservative estimate indicates that less than half of these will be physically fit. (S. 32)*

Sehr exakt wiederum ist das Urteil der alliierten Auswerter über die mögliche Bewaffnung der deutschen Volksmiliz. Sie haben erkannt, dass die Zivilisten nur leichte Infanteriebewaffnung erhalten sollen. Außerdem, dass der Großteil dieser Ausrüstung aus Beutebeständen herrühren wird.

Anhang 203

> *The rifle is the basic weapon. It is to be supplemented by submachine guns and light machine guns. Since there is almost no limit to the number of models of such weapons taken over by the Germans from conquered nations, it will be difficult to state exactly which small arms models the Volkssturm will use. German, Czech and Polish Mauser rifles already are in service and use will be made of the many thousands of captured Russian rifles and machine guns. (S. 34f)*

Nahezu mitleidig klingt der Kommentar über den aktuellen Zustand des Volkssturms:

> *At present any turnout of the Volkssturm is likely to present a rag-tag and bobtail appearance, in dress as well as armament. (S. 35)*

„Bunt gemischt und zusammengestutzt, sowohl in Kleidung als auch Bewaffnung" – diese Einschätzung macht deutlich, welchen Eindruck das letzte Aufgebot Hitlers auf seine Gegner machte. Um so schlimmer, dass unter den Tausenden Volkssturmangehörigen solch entsetzlich hohe Verluste zu beklagen waren.

Have You Learned A Lesson About The Enemy?

The *Intelligence Bulletin* is anxious to obtain contributions from units and individuals, especially intelligence agencies, for publication. Articles that present lessons about enemy tactics, techniques, and matériel are particularly desired, and when it is consistent with security, credit will be given to the contributing agency or unit. Contributions may be sent directly to the Supervisor of Reports, Military Intelligence Service, War Department, Washington 25, D. C.

Readers are urged to comment on the use they are making of this publication and to forward suggestions for future issues. Reproduction of material published herein is encouraged, provided that (1) the source is stated, (2) the classification is not lowered, and (3) one copy of the publication in which the material is reproduced is forwarded to the Military Intelligence Service.

By arrangement with the Adjutant General, the *Intelligence Bulletin* is distributed in the same manner as is prescribed for field manuals (see paragraph 6-9, 23a, FM 21-6, List of Publications for Training). Requests for additional copies should be made through channels.

FOR USE OF MILITARY PERSONNEL ONLY · NOT TO BE PUBLISHED

VOL. III NO. 6   FEBRUARY 1945

INTELLIGENCE BULLETIN

MILITARY INTELLIGENCE DIVISION
WAR DEPARTMENT · WASHINGTON, D. C.

TABLE OF CONTENTS

GERMAN

	Page
FORTRESS BATTALIONS AND HOW THEY ARE USED	1
Their Purpose and Missions	1
The Three Basic Types	3
Notes on Tactics	7
MORE NOTES ON ANTITANK TACTICS	10
The Antitank Company	12
Bazooka and Grenade-discharger Squads	13
A "Fire Team" in the Withdrawal	14
Failure of a Tactic	15
A Delaying Position	16
DISCOVERED IN COMBAT	19
Reaction to Artillery Fire Against Towns	19
Combat in Towns	20
Tank-Infantry Night Attack	21
Enemy Pigeon Service	21
"The Americans Are Coming"	22
Captured Artillery Ammunition	22
Vulnerability of Pillboxes to "Sealing"	22
ROUNDING UP THE BOOBY TRAPS	24
Devices Actuated by Pull-igniters	25
Devices Actuated by Pressure	28
Antilifting Devices on Mines	28
Miscellaneous	29
THE GERMAN VOLKSSTURM	31
IN BRIEF	37
A Raid on a U.S. Outpost	37
Minefield Marking	39
Tactic Against Infantry-with-Tanks	41
New German *Flakpanzer*	42

JAPAN

JAPANESE DIVERSIONARY TACTICS	44
Organization and Doctrine	45
Southwest Pacific	50
Burma	52
Philippines	54

TABLE OF CONTENTS III

	Page
THE 150-MM MORTAR	57
ENEMY MINES ON LEYTE	60
Bomb Mines	60
Coconut Mines	62
Box Mines	63
Antiboat Mines	64
REMOTE-CONTROL MINES IN ANTITANK WARFARE	65
PORTABLE FLAME THROWER	68
Fuel Unit	68
Fuel Hose	70
Flame Gun	70
Characteristics and Operation	70
Japanese Flame-thrower Troops	71
NEW JAPANESE ARMY INSIGNIA	72
Don't Remove Insignia	73

UNITED NATIONS

BRITISH RAID IN BURMA	74
ORDNANCE INTELLIGENCE TEAMS UNCOVER TECHNICAL SECRETS	81

Index to Volume III, Nos. 1-6	88

Cover Illustration— German bazooka teams in action against U.S. tanks (story on page 10).

Whether dressed in civilian clothes or varied uniforms, Volkssturm members wear the organization's arm band.

30

THE GERMAN
Volkssturm

Of the measures taken to mobilize speedily the last manpower resources of the German nation, the most extreme is the creation of the *Volkssturm*, a national militia designed to supplement the defense of the homeland. The call to arms, which was issued on 18 October 1944, was literally a dragnet, sweeping into a single organization virtually all German males between the ages of 16 and 60 who were not already members of the German Armed Forces. The creation of the *Volkssturm* serves a double purpose, as far as the Nazi Party is concerned: first, to strengthen the defense of the Reich, and, second, to keep a large part of the population so thoroughly under military control that any incipient revolt against the Party will have a hard time thriving. It is the enemy's intention to have a strong hard core of Nazi fanatics dominating the *Volkssturm* at all levels.

In announcing the formation of the new militia, Hitler designated the Chief of the Storm Troopers, Schepmann, as Inspector of Weapons Training, and the Chief of the Nazi Motor Corps, Kraus, as Inspector of Technical Training. Himmler is charged with ordering the actual employment of the *Volkssturm* for local defense. However, it must be remembered that the militia is currently in the training stage, with its members continuing their ordinary jobs. When the *Volkssturm* is operating on a full-time basis, its employment may be directed by the Army.

The *Volkssturm* is definitely a bottom-of-the-barrel organiza-

German males between the age of 16 and 60 are liable for service in the new national militia.

tion. Although it may succeed in mustering more than ten million men for local defense inside the Reich, a conservative estimate indicates that less than half of these will be physically fit.

In one capacity or another, many of the *Volkssturm* personnel already were contributing their services to the German war effort when the call to arms was issued. It will be recalled that dozens of Nazi semi-military, service, and political organizations, regimenting practically every walk of German life, had been in existence for some time. Because of these organizations, and because Nazi Party officialdom itself is so extensive that it even includes city "block leaders", the Nazi authorities long had had a very fair knowledge of the military and service possibilities of every male in Germany. Much had been done to exploit German manpower on a part-time basis wherever full-time service could not be performed. Thus service in the *Volkssturm* becomes merely an added duty for men who already have part-time jobs in other defense organizations or who work in war industries. As the Germans envisage it, a man who performs ARP tasks during an air raid, who has a route to patrol as a member of the *Stadtwacht* (City Guard), or who is a skilled laborer in a Messerschmidt plant will take his post in a *Volkssturm* squad and fight as an infantryman when his home area is attacked by Allied ground forces.

It is logical to infer that, as *Volkssturm* units are being formed, the abilities, physical fitness, and war work of the recruits will be taken into account. Limited-service personnel will be given local or static defense missions. Invalids and cripples, it is reported, will be reserved for headquarters work. Although youths of 16 are to be included in the *Volkssturm*, the lower age brackets in general are likely not to be represented very generously, in view of the fact that the German Armed Forces increasingly are drafting men younger than 18. Also, if a *Volkssturmmann* is drafted into the Armed Forces, his membership in the militia automatically terminates.

Despite the fact that the *Volkssturm* is inducting by age classes, an appeal for "volunteers" is being conducted in the usual Nazi manner. Working through the factory cells of the German Labor Front organization and other groups directly supervised by the Party, Nazi leaders have induced the entire personnel of certain factories and businesses to "volunteer" in a body, with the result that recruits pour in as fast as the training facilities can handle them, and faster than if they all had been drafted formally.

With the Nazi Party in charge of organizing the *Volkssturm*, the early stages in the development of this national militia have been expedited. Although each *Gauleiter*, or Nazi District Leader, is charged with the leadership, enrollment, and organization of the *Volkssturm* in his district, the largest *Volkssturm* unit seems to correspond to the next smaller territorial subdivision of the Nazi Party organization—the *Kreis*. In a city, *Volkssturm* organization might run something like this:

Territorial Political Unit	Military Unit
Kreis (roughly equivalent to a U. S. county: there are 920 *kreise* in Greater Germany)	*Bataillon* (battalion)
Ortsgruppe (roughly equivalent to a U. S. Congressional district)	*Kompanie* (company)
Zelle (literally "a cell"; roughly equivalent to a U. S. precinct)	*Zug* (platoon)
Block (a city block)	*Gruppe* (squad)

Not only each *Gauleiter*, but each *Kreisleiter*, has a *Volkssturm* Chief of Staff to assist in handling militia problems.

Although differentials may be introduced in the selection and assignment of personnel, Nazi leaders assert that all *Volkssturm* members will be given the same instruction. This is to consist of infantry training, with special emphasis on close combat. The rifle is the basic weapon. It is to be supplemented by submachine guns and light machine guns. Since there is almost no limit to the number of models of such weapons taken over by the Germans from conquered nations, it would be difficult to state exactly which small-arms models the *Volkssturm* will use. German, Czech, and Polish Mauser rifles already are in service,

The rifle is the basic weapon of the Volkssturm, which receives infantry training, with special emphasis on close combat.

and use will be made of the many thousands of captured Russian rifles and machine guns. Other equipment includes egg hand grenades and potato-masher hand grenades. For antitank defense, the *Panzerfaust* hollow-charge launchers have been promised to the *Volkssturm*. (The latest of these recoilless weapons has a range of 88 yards; earlier models have a range of only 33 yards.) German bazookas also may be furnished. Instruction in the handling of antitank and antipersonnel mines already is being given.

At present any turnout of the *Volkssturm* is likely to present a rag-tag-and-bobtail appearance, in dress as well as armament. The only item of clothing or insignia currently issued is a black arm band with the lettering *"Deutscher Volkssturm"* in a light color and with the word *"Wehrmacht"* directly underneath this. The Nazis have asserted that this arm band officially makes the *Volkssturm* members a part of the *Wehrmacht* (Armed Forces). It is left to the individual to provide the rest of the clothing. Uniforms of the Storm Troopers,

Hitler Youth, and Party territorial leaders will be encountered. Many men will simply wear civilian clothes. Already the lack of complete official uniform has caused a great deal of disgruntlement throughout the new militia. Many members feel that they are assuming the duties of soldiers, with none of the privileges. (Incidentally, there is no remuneration for service in *Volkssturm*, except when a member is taking part in actual combat.)

The effectiveness of the *Volkssturm* remains to be tested. In the past, organized defense of urban and rural areas by the local populace fighting in support of regular troops has indicated that a people defending their homes under such conditions are capable of putting up a most determined defense. *Volkssturm* elements were used in combat near Metz, but the poor showing that they made must be attributed primarily to the fact that they had only recently been mustered and that most of their brief time in the militia had been spent in digging fortifications. In future months the Nazis will discover and try to correct the outstanding defects of the *Volkssturm*, and their unquestioned talent for organization and military training must be expected to show at least a few tangible results. Just how much success the Nazis will have in using *Volkssturm* members as guerrilla fighters after local areas have been overrun by the Allies cannot be predicted. Much would seem to depend on how hard a core of Nazi fanatics each element contains.

[Note: As the *Intelligence Bulletin* goes to press, it is reported that rank insignia worn by the *Volkssturm* consist of silver stars worn on the lapel or on the collar. One star will indicate a squad leader, two a platoon leader, three a company commander, and four a battalion commander.]

Literatur

Balcar, Jan: Die Spreewerk P.38 - Die Geschichte des Grottauer Werkes und seiner Kriegsproduktion. Selbstverlag Jan Balcar, 2009.

Ball, Robert: Mauser Rifles of the World. Iola: Gun Digest Books, 2011.

Benz, Wolfgang (Hg.): Der Ort des Terrors. Geschichte der nationalsozialistischen Konzentrationslager. Band. 3: Sachsenhausen, Buchenwald. München: C.H.Beck, 2006.

Burgdorff, Stephan; Wiegrefe, Klaus: Der 2. Weltkrieg: Wendepunkt der deutschen Geschichte. München: Deutsche Verlags-Anstalt, 2005.

Chegia, Giovanni; Simonelli, Alberto: The Model 1891 Carcano Rifle: A Detailed Developmental and Production History. Atglen: Schiffer Publishing, 2016.

Dolinek, Vladimir; Francen, Vladimir; Sach, Jan: Illustriertes Lexikon der Waffen im 1. und 2. Weltkrieg. Eggolsheim-Bammersdorf: Dörfler, 2000.

Echternkamp, Jörg: Kriegsschauplatz Deutschland 1945. Paderborn: Schöningh, 2006.

Gander, Terry; Chamberlain, Peter: Enzyklopädie deutscher Waffen 1939-1945: Handwaffen, Artillerie, Beutewaffen, Sonderwaffen. Stuttgart: Motorbuch Verlag, 2005.

Hahlweg, Werner: Guerilla: Krieg ohne Fronten. Stuttgart: Kohlhammer 1968.

Hahlweg, Werner: Typologie des modernen Kleinkrieges. Wiesbaden: Steiner 1967.

Hamilton, Stephan: The Oder Front 1945: Documents, Reports & Personal Accounts. Solihull: Helion & Company, 2011.

Handrich, Hans-Dieter: Sturmgewehr 44. Blaufelden: DWJ-Verlag, 2008.

Handrich, Hans-Dieter: Vom Gewehr 98 zum Sturmgewehr. Der Weg zur Einheitswaffe – Wehrtechnik und wissenschaftliche Waffenkunde Band 8. Herford: Mittler, 1993.

Hartink, A. E.: Militärgewehre-Enzyklopädie. Eggolsheim: Dörfler, 2002.

Heber, Thorsten: Kennblätter Fremden Geräts: Ein Nachschlagewerk über die Beute-Handwaffen der Wehrmacht. Norderstedt: Books on Demand, 2008.

Heinz, Dr. Elmar: Volles Rohr. Gerät 3008. Gerät 1-3-3008 Neumünster. In: Deutsches Waffen Journal Nr. 10/42, 2006, S. 58–63.

Heinz, Dr. Elmar: Volles Rohr. Pistolenkarabiner BD 3008 von Sport-Systeme Dittrich. In: Deutsches Waffen Journal Nr. 1/41, 2007, S. 36–37.

Hofer, Walther (Hg.): Der Nationalsozialismus. Dokumente 1933-1945. Frankfurt: Fischer, 1977.

Just, Bruno: Hitler's Last Levy in East Prussia: 1944-45. Solihull: Helion & Company, 2015.

kein Autor: Sten, die Maschinenpistole, die vom Himmel fiel. In: Deutsches Waffen Journal Nr. 1/41, 2007, S. 136–139.

Kerlin, Robert: Militärische Ausbildung in Heer und Luftwaffe ab 1943: Ausbilderidentität und Ausbildungsdauer unter Berücksichtigung von Erlebnisberichten ehemaliger Soldaten und Einbeziehung des Volkssturms. München: Grin Verlag, 2009.

Kersten, Manfred: Der Mauser Zug. Kleve: Service K, o. J.

Kissel, Hans: Der Deutsche Volkssturm 1944–1945. In: Arbeitskreis für Wehrforschung (Hg.): Wehrwissenschaftliche Rundschau, Beiheft 16/17. Frankfurt: Mittler, 1962.

Kunz, Andreas: Wehrmacht und Niederlage: Die bewaffnete Macht in der Endphase der nationalsozialistischen Herrschaft 1944 bis 1945. München: Oldenbourg Wissenschaftsverlag, 2007.

Lapin, Terrence: Mauser Military Rifle Markings. Arlington: Hyrax, 2001.

Law, Richard: Karabiner 98k. Stuttgart: Motorbuch Verlag, 1999.

Law, Richard: Karabiner 98k und K98k als Scharfschützenwaffe. Stuttgart: Motorbuch Verlag, 2012.

Mammach, Klaus: Der Volkssturm. Das letzte Aufgebot 1944/45. Köln: Pahl-Rugenstein, 1987.

Mann, Dr. Chris: Schlachten des Zweiten Weltkriegs. Bath: Parragon, 2009.

Meyer, Bernard: La Volksmaschinenpistole MP-3008. In: Gazette des Armes Nr. 272, 1996, 17-20.

Meyer, Bernard: Le Volkssturm Gewehr VG 1-5. In: Gazette des Armes Nr. 272, 1996, 21-24.

Mowbray, Stuart: Bolt Action Military Rifles of the World. Lincoln: Andrew Mowbray Publishers, 2009.

Olson, Ludwig: Mauser Bolt Rifles. Montezuma, Iowa: F.Brownell, 1995.

Paul, Johann: Vom Volksrat zum Volkssturm. Bergisch Gladbach und Bensberg 1918-1945. Bergisch Gladbach: Heider, 1988.

Peterson, Philip: Standard Catalog of Military Firearms. The Collector's Price and Reference Guide. Iola: Gun Digest Books, 2011.

Reemtsma, Jan Philipp: Industrie, Behörden und Konzentrationslager 1938-1945. Reaktionen 1988/1989. In Erinnerung an Neuengamme. Hamburg: Hamburger Stiftung zur Förderung von Wissenschaft und Kultur, 1990.

Rauscher, Karl: Steyr im Nationalsozialismus: Industrielle Strukturen. Gnas: Weishaupt, 2003.

Riepe, Wolfgang: Il Novantuno Mannlicher-Carcano: Das italienische Waffensystem Modell 1891. Herne: VS-Books, 2007.

Scarlata, Paul: Mannlicher Military Rifles: Straight Pull and Turn Bolt Designs. Lincoln: Andrew Mowbray Publishers, 2004.

Schmid, Hans-Peter: In letzter Sekunde. Noch ein 98er...! In: Deutsches Waffen Journal Nr. 6/35, 1999, S. 876–879.

Schmid, Hans-Peter: Der Not gehorchend. Die Endkriegsproduktion des Karabiners 98k und VK 98. In: Deutsches Waffen Journal Nr. 9/34, 1998, S. 1408–1415.

Seel, Wolfgang: Mauser. Von der Waffenschmiede zum Weltunternehmen. Stuttgart: Motorbuch Verlag, 1995.

Seidler, Franz: Deutscher Volkssturm. Das letzte Aufgebot 1944/45. Augsburg: Weltbild, 1999.

Senich, Peter: Deutsche Sturmgewehre bis 1945. Stuttgart: Motorbuch Verlag, 1998.

Skennerton, Ian; Riling, Ray: Mauser Rifles & Carbines Handbook. Bridgeport: Ray Riling Arms Books, 2006.

Stargardt, Nicholas: The German War: A Nation Under Arms, 1939–45. London: Vintage, 2016.

Steves, Michael; Karem, Bruce; Rolff, Bernd: Kriegsmodell: Der Karabiner 98k: Fertigung in der Endphase des Zweiten Weltkriegs. Blaufelden: DWJ-Verlag, 2011.

Stutte, Harald: Hitlers vergessene Kinderarmee. Reinbek: Rowohlt, 2014.

de Vries, Guus: Captured Arms/Beutewaffen. Liverpool: Propaganda Photo, 2014.

Wachsmann, Nikolaus: KL: A History of the Nazi Concentration Camps. New York: Farrar, Strauß and Giroux, 2016.

Wacker, Albrecht: Das System Adalbert: Der K98k: Eine technikgeschichtliche Studie zur Gewehrfrage in den Jahren 1920 bis 1945 am Beispiel des Karabiners 98 kurz. Düsseldorf: Barett, 1993.

Wacker, Albrecht; Görtz, Joachim: Handbuch Deutscher Waffenstempel auf Militär- und Diensthandwaffen 1871–2000. Herne: VS-Books, 2005.

Weaver, Darrin: Desperate Measures – The Last-Ditch Weapons of the Nazi Volkssturm. Cobourg: Collector Grade Publications, 2005.

Wirnsberger, Gerhard: Beschusszeichen. Blaufelden: DWJ-Verlag, 2011.

Yelton, David: Hitler's Volkssturm: The Nazi Militia and the Fall of Germany, 1944-1945. Lawrence: University Press of Kansas, 2002.

Yelton, David: Hitler's Home Guard: Volkssturmmann. Western Front, 1944–45. Oxford: Osprey, 2006.

Vom gleichen Autor:

Wolfgang Michel
Das Fairbairn-Sykes Kampfmesser

Symbol britischer Guerillakriegsführung im Zweiten Weltkrieg

Das archaisch wirkende Fairbairn-Sykes Messer steht symbolhaft für wagemutige Geheimoperationen, die Großbritannien während des Zweiten Weltkrieges in deutsch besetzten Ländern durchführte.

Dieses Buch bietet einen Überblick über die Entwicklung dieses millionenfach hergestellten Messers und den Lebenshintergrund seiner Erfinder. Außerdem untersucht es die Ursachen, die zur Aufstellung von Guerillaeinheiten in Großbritannien führten und welche Rolle das Messer dabei spielte.

Überdies bewertet es seinen Einsatz im historischen Kontext und untersucht, inwiefern das FS-Messer auch heute noch Bedeutung im militärischen oder zivilen Gebrauch besitzt.

Die Fachzeitschrift „Visier" (04/2008) meint:
„Alles in allem schließt sich durch dieses Werk endlich eine Lücke. Das gilt sowohl aus Sicht der an historischen Messern Interessierten wie auch derjenigen, die sich mit Commandos und ihrer Geschichte befassen."

Wolfgang Michel: „Das Fairbairn-Sykes Kampfmesser"
Norderstedt: Books on Demand Verlag, 2007
ISBN: 978-3-8370-0877-7
19,90 Euro

Bestellbar im Buchhandel oder versandkostenfrei bei www.amazon.de

Vom gleichen Autor:

Wolfgang Michel
Britische Schalldämpferwaffen 1939–1945

Entwicklung, Technik, Wirkung

Großbritannien entwickelte während des Zweiten Weltkriegs eine Vielzahl von schallgedämpften Schusswaffen – weit mehr als alle anderen am Kampf beteiligten Länder. Über diese hochgeheimen Waffen, seien es Welrod-Pistole, De Lisle Karabiner oder die nahezu unbekannte Ärmelpistole „Sleeve Gun", waren harte Fakten in den Jahrzehnten nach Kriegsende selten zu finden und bald rankten sich um sie die merkwürdigsten Legenden. Durch Auswertung von in jüngster Zeit freigegebenen britischen Regierungsakten lüftet dieses Buch den Schleier der Geheimhaltung und vermittelt einen interessanten Einblick in die Waffentechnik dieser Zeit.

Erstmals in deutscher Sprache bietet „Britische Schalldämpferwaffen 1939–1945" einen Überblick über die Entwicklung und Verwendung von Schalldämpfern in Großbritannien während des Zweiten Weltkriegs. Es analysiert, inwieweit derartiges Schusswaffenzubehör bereits bei Kriegsbeginn verfügbar war und untersucht die technischen Lösungen, mit denen britische Ingenieure wesentliche Steigerungen bei der Dämpfungsleistung erzielten. Außerdem stellt es die Einsatzkräfte vor, für die diese Spezialwaffen vorgesehen waren und zieht Rückschlüsse auf deren Einfluss auf die alliierte Kriegstaktik.

Wolfgang Michel: „Britische Schalldämpferwaffen 1939–1945"
Norderstedt: Books on Demand Verlag, 2009
ISBN: 978-3-8370-2149-3
19,90 Euro

Bestellbar im Buchhandel oder versandkostenfrei bei www.amazon.de

Vom gleichen Autor:

Wolfgang Michel
Die Liberator Pistole FP-45

Partisanenwaffe und Mittel zur psychologischen Kriegsführung

Während des Zweiten Weltkriegs stellten die USA in Zusammenarbeit mit Großbritannien aus billigstem Material große Stückzahlen einer sehr einfach aufgebauten Pistole her. Sie hätte keinesfalls über einen längeren Zeitraum als Kampfwaffe eingesetzt werden können. Diese „Einwegpistole" wollten die Alliierten zu Tausenden über den von den Deutschen besetzten Ländern abwerfen, damit dort Zivilisten gegen die Nazis Widerstand leisten konnten.

Durch dieses Konzept der psychologischen Kriegsführung sollte nicht nur der Widerstand der unterdrückten Nationen angeheizt werden. Vielmehr wollten die Alliierten ihren Gegner mit einer massenhaften Volksbewaffnung konfrontieren. Denn die Deutschen hätten somit an der Front dringend benötigte Kräfte in das vermeintlich sichere Hinterland abkommandieren müssen.

Dieses Buch untersucht die Hintergründe der Entwicklung der hochgeheimen, als „Liberator Pistole" bekannten Waffe und legt ihre technischen Details sowie das Rätsel um ihre Herstellung offen. Auch die geplanten Einsatzszenarien, in denen sie eine Rolle spielen sollte, und die Gründe, die ihren Einsatz letztendlich verhinderten, werden beleuchtet.

Wolfgang Michel: „Die Liberator Pistole FP-45"
Norderstedt: Books on Demand Verlag, 2009
ISBN: 978-3-8370-9271-4
12,90 Euro

Bestellbar im Buchhandel oder versandkostenfrei bei www.amazon.de

Vom gleichen Autor:

Wolfgang Michel
Britische Spezialwaffen 1939–1945

Ausrüstung für Eliteeinheiten, Geheimdienst und Widerstand

Die verdeckte Kriegsführung nahm im Verlauf des Zweiten Weltkrieges eine wichtige Rolle in der Strategie Großbritanniens und seiner Verbündeten ein. Dieses Buch stellt die Spezialwaffen vor, die das Inselreich dafür entwickelte und produzierte. Dies beinhaltet unter anderem Spreng- und Brandmittel, Zündsysteme, Handfeuerwaffen sowie allgemeine Ausrüstung.

Diese Gegenstände verhalfen nicht nur den britischen Eliteeinheiten dazu, ihre wagemutigen Kampfaufträge erfüllen zu können. Auch Geheimdienste nutzten die Objekte für Sabotageaktionen und Attentate. Die Widerstandsgruppen in den von den Achsenmächten besetzten Gebieten erhielten ebenfalls große Mengen Kriegsmaterial, das Großbritannien nicht selten speziell für diesen Zweck entwickelt und produziert hatte.

„Britische Spezialwaffen 1939–1945" enthält zudem erstmals den Nachdruck eines deutschsprachigen Sabotagehandbuches, mit dem die Briten Widerstandsgruppen in den Gebrauch der gelieferten Spezialkampfmittel einführten. Dieses Material bietet Sammlern und historisch Interessierten die Möglichkeit, den vorgesehenen Verwendungszweck dieser Ausrüstung im Detail zu verstehen und daraus Rückschlüsse auf die britischen Taktiken zur irregulären Kriegsführung zu ziehen.

Wolfgang Michel: „Britische Spezialwaffen 1939–1945"
Norderstedt: Books on Demand Verlag, 2010
ISBN: 978-3-8423-3944-6
24,90 Euro

Bestellbar im Buchhandel oder versandkostenfrei bei www.amazon.de

Vom gleichen Autor:

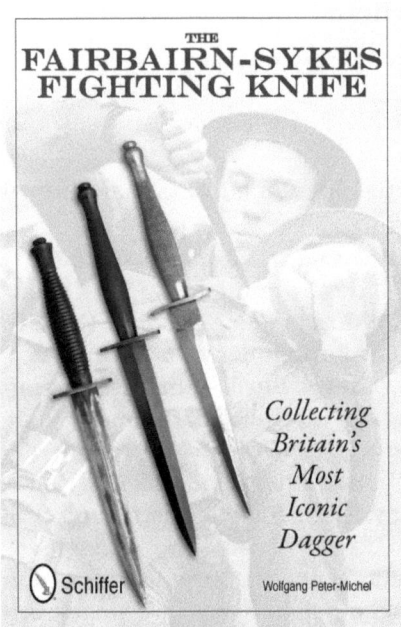

Wolfgang Peter-Michel

The Fairbairn-Sykes Fighting Knife

Collecting Britain's Most Iconic Dagger

The Fairbairn-Sykes Fighting Knife stands symbolic for daring secret operations that Britain ran during World War II. This book provides an insight in the development of 20th centurys most influential military fighting knife and its historical background.

Also the biographical background of its inventors, William Ewart Fairbairn and Eric Anthony Sykes, is embedded in this story and unburdened of all the myths and legends that have been woven around these two innovative men.

It covers not only the basic variations of the F-S knife but also numerous other examples the collector may encounter. The problematic topic of fakes is discussed as well as the question as to how to narrow the focus of ones collection. Thus, prospective buyers of Fairbairn-Sykes knives will find this book a useful guide through the jungle of variants and fakes.

Wolfgang Peter-Michel: „The Fairbairn-Sykes Fighting Knife"
Schiffer Publishing, 2011
ISBN: 978-0-7643-3763-5
58,99 Euro

Bestellbar in jedem Buchladen oder im Online-Buchhandel.

Vom gleichen Autor:

Wolfgang Peter-Michel
Flugerfahrungen mit der Heinkel He 162

Testpiloten berichten

Mit der He 162 versuchte Nazideutschland, den Luftkrieg in letzter Minute doch noch für sich zu entscheiden. Deshalb führte Heinkel seine Neukonstruktion mit aberwitziger Geschwindigkeit vom Reißbrett in die Serienfertigung – lange bevor der Jet alle Kinderkrankheiten überwunden hatte.

Nachdem die Alliierten gegen Kriegsende einige Exemplare erbeutet hatten, stellten sie fest, dass Görings letzte Hoffnung alles andere als einfach zu fliegen war. Also verhörten sie deutsche Luftwaffenpiloten, die in Kriegsgefangenschaft geraten waren. Mit den dabei gesammelten Erfahrungsberichten aus erster Hand konnten die Sieger ihre eigenen Erprobungen des Strahlflugzeugs vergleichsweise gefahrlos durchführen.

Die Aussagen der deutschen Piloten sind erhalten und dieses Buch macht sie erstmals in deutscher Sprache zugänglich. Da die wenigen noch existierenden Maschinen des Typs He 162 kaum jemals wieder fliegen werden, sind diese Berichte die letzten Quellen, die diese ansonsten stummen Zeugen der Luftfahrtgeschichte erlebbar machen.

Wolfgang Peter-Michel: „Flugerfahrungen mit der Heinkel He 162"
Norderstedt: Books on Demand Verlag, 2011
ISBN: 978-3-8423-7048-7
19,90 Euro

Bestellbar in jedem Buchladen oder im Online-Buchhandel.

Vom gleichen Autor:

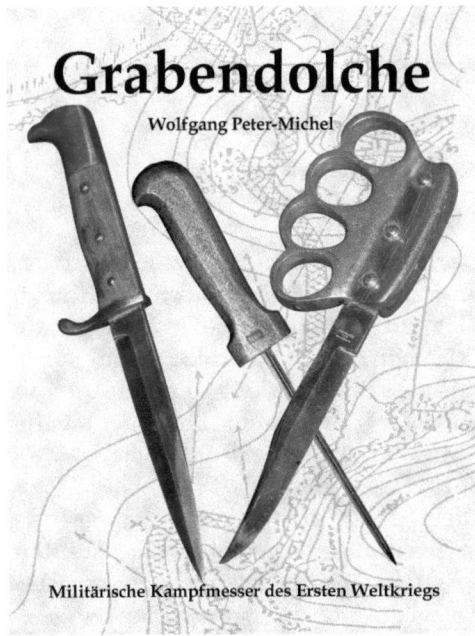

Wolfgang Peter-Michel

Grabendolche

Militärische Kampfmesser des Ersten Weltkriegs

Der Erste Weltkrieg war durch die zunehmende Technisierung des Militärwesens geprägt. Aufgrund der großen Präzision und Feuerkraft, zu der sich Artillerie und Maschinengewehre entwickelt hatten, waren die Militärs überzeugt, dass dem Kampf auf große Entfernungen die Zukunft gehörte. Ein Zweikampf zwischen zwei Soldaten galt als unwahrscheinlich oder zumindest als Seltenheit. Doch das Gegenteil war der Fall: Der Bewegungskrieg der ersten Monate erstarrte alsbald zu einem Stellungskrieg. Ganze Armeen gruben sich in Schützengräben ein, die Befestigungswerke, die den ersten weltweiten Krieg des 20. Jahrhunderts prägten. Die Enge der Gräben führte zu einer der Industrialisierung des Kampfes gegenläufigen Entwicklung: War der Gegner in die eigenen Linien eingedrungen, so entschieden oft die besseren Nahkampfwaffen und -techniken das Duell. Dies führte zu einer Wiederentdeckung des Messers, das zuvor von den Militärs als Waffe totgesagt worden war.

Dieses Buch stellt die wichtigsten der während des Ersten Weltkriegs eingesetzten Kampfmesser vor. Das gilt sowohl für offiziell eingeführte wie auch von den Soldaten privat beschaffte Exemplare. Denn viele Armeen versorgten ihre Truppen zu spät oder in zu geringer Zahl mit geeigneten Blankwaffen.

Wolfgang Peter-Michel: „Grabendolche"
Norderstedt: Books on Demand Verlag, 2011
ISBN: 978-3-8423-7719-6
14,90 Euro

Bestellbar im Buchhandel oder versandkostenfrei bei www.amazon.de

Vom gleichen Autor:

Wolfgang Peter-Michel

Das Fallmesser der Deutschen Luftwaffe

Technik und Entwicklung des Fliegerkappmessers

Das Fliegerkappmesser gehörte den gesamten Zweiten Weltkrieg hindurch zur Ausrüstung des fliegenden Personals der deutschen Luftwaffe. Dabei handelt es sich um ein Fallmesser, bei dem die Klinge durch Einwirkung der Schwerkraft nach vorn aus dem Griffstück gleitet. Alle deutschen Kriegspiloten verwendeten es, angefangen bei den Jagdfliegerassen wie Adolf Galland, Werner Mölders oder Erich Hartmann bis hin zu den Tausenden von namenlosen Piloten und Besatzungsmitgliedern, die an Bord von deutschen Flugzeugen ihren Dienst taten. Auch jeder Fallschirmjäger trug eins und verwendete es wahrscheinlich weitaus häufiger als das übrige fliegende Personal der Luftwaffe. Denn bei letzteren war die Verwendung nur für den Fall vorgesehen, dass sie sich mit dem Fallschirm aus ihrem Luftfahrzeug retten mussten und dann auch nur, falls sie sich damit vom Schirm losschneiden mussten, weil sich die Fallschirmleinen verfangen hatten. Bei den Fallschirmjägern gehörte der Fallschirmsprung natürlich zum Handwerk, weshalb sie weit häufiger ein Kappmesser benötigten.

Dieses Buch stellt Technik und Entwicklung dieses symbolbehafteten Messers vor. Dabei finden auch die nach 1945 für Militär und Zivilmarkt produzierten Varianten ihren Raum. Darüber hinaus bietet es eine Einordnung in den historischen Kontext und stellt einige Beispiele von vergleichbaren Kappmessern aus anderen Ländern vor.

Wolfgang Peter-Michel: „Das Fallmesser der Deutschen Luftwaffe"
Norderstedt: Books on Demand Verlag, 2012
ISBN: 978-3-8448-0143-9
16,90 Euro

Bestellbar im Buchhandel oder versandkostenfrei bei www.amazon.de

Vom gleichen Autor:

Wolfgang Peter-Michel
Ballistische Messer

Waffen für Geheimdienste und Spezialeinheiten

In den 1980er-Jahren gelangten die ersten ballistischen Messer auf den westlichen Sammlermarkt. Ihre Besonderheit: In ihrem Griff befindet sich eine starke Spiralfeder. Nach Betätigen des Auslösers fliegt ihre Klinge mehrere Meter weit und bohrt sich mit großer Wucht ins Ziel. Als Herkunft dieser Messer wird stets die ehemalige Sowjetunion angegeben. Der KGB oder Spezialeinheiten wie der Speznas sollen sie verwendet haben oder sogar bis heute verwenden.

Aufgrund ihrer Gefährlichkeit wurden ballistische Messer gegen Ende der 1990er-Jahre in den meisten Ländern verboten, so auch in Deutschland. Nichtsdestotrotz begann ein deutscher Blankwaffenhersteller zuvor noch, den mutmaßlich russischen Entwurf weiterzuentwickeln, wie die in diesem Buch gezeigten Prototypen belegen.

Doch woher kamen diese rätselhaften Waffen wirklich? Wer stellte sie her? Wer verwendete sie? Und besonders: Wie gefährlich sind ballistische Messer? Auf welche Entfernungen sind sie wirksam? All diesen Fragen geht dieses Buch nach und stellt die wichtigsten Varianten ballistischer Messer vor.

Wolfgang Peter-Michel: „Ballistische Messer"
Norderstedt: Books on Demand Verlag, 2017
ISBN: 978-3-7431-2534-6
29,90 Euro

Bestellbar in jedem Buchladen oder im Online-Buchhandel.

Vom gleichen Autor:

Wolfgang Peter-Michel
Ballistic Knives

Weapons for Secret Services and Special Forces

In the 1980s, the first ballistic knives began to appear on the Western collectors' market. Their sinister feature: the handle concealed a strong coil spring. After pressing a trigger, the blade was propelled over several meters and hit the target with great force. It was rumoured that these knives originated in the Soviet Union as a clandestine weapon used by the KGB or special units such as the Spetsnaz.

Due to their dangerous nature, ballistic knives were banned in most countries by the end of the 1990s. Nevertheless, a German blade manufacturer began to improve the allegedly Russian design, as revealed by the prototypes shown in this book.

But where did these mysterious weapons really originate? Who developed and produced them? Who used them and over what distances are they effective? Most importantly; how dangerous are ballistic knives? All these questions are investigated in this book and the main variants of ballistic knives are presented.

Wolfgang Peter-Michel: „Ballistic Knives"
Norderstedt: Books on Demand Verlag, 2015
ISBN: 978-3-7386-2780-0
29,90 Euro

Bestellbar in jedem Buchladen oder im Online-Buchhandel.

Vom gleichen Autor:

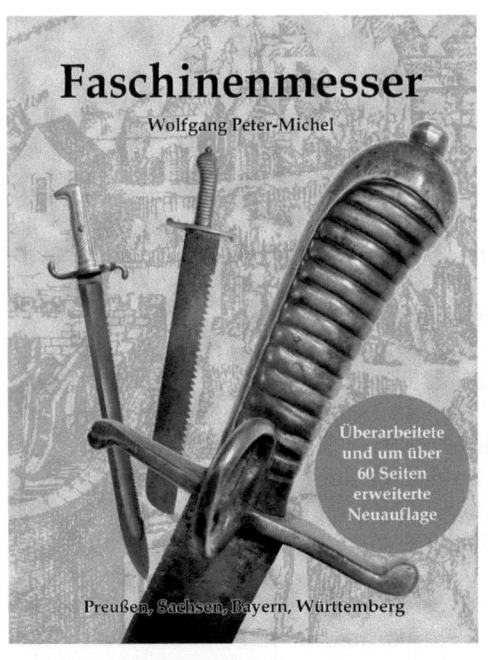

Wolfgang Peter-Michel
Faschinenmesser

Preußen, Sachsen, Bayern Württemberg

Die deutschen Armeen führten Faschinenmesser ab dem späten 18. Jahrhundert ein. Sie dienten in erster Linie dem Herstellen von Reisigbündeln (ital. „Fascine"), die zur Verstärkung von Feldbefestigungen Verwendung fanden. Die breitklingigen Haumesser wurden besonders im 19. Jahrhundert von vielen Waffengattungen geführt und entsprechend als Infanterie-, Artillerie- und Pionier-Faschinenmesser unterschieden.

Die Formen waren vielfältig, unterlagen jedoch gewissen Moden, sodass sich die Messer der gleichen Epoche oft im gesamten deutschen Sprachraum recht stark ähneln. In der zweiten Hälfte des 19. Jahrhunderts tauchten die ersten Modelle mit Aufpflanzvorrichtung auf. Sie dienten zugleich als Bajonett, was wiederum zu anderen Formgebungen führte.

Für den Sammler bieten Faschinenmesser eine oft verwirrende Vielfalt. Dieses Buch bietet einen Leitfaden, anhand dessen sich die deutschen Ausführungen geografisch und chronologisch zuordnen lassen. Um das Thema wirksam einzugrenzen, liegt der Fokus auf den wichtigsten in den Ländern Preußen, Sachsen, Bayern und Württemberg ausgegebenen Modellen.

Wolfgang Peter-Michel: „Faschinenmesser"
Überarbeitete und um über 60 Seiten erweiterte 2. Auflage 2015
Norderstedt: Books on Demand Verlag
ISBN: 978-3-7322-3171-3
34,90 Euro

Bestellbar in jedem Buchladen oder im Online-Buchhandel.

Die Bücher von Wolfgang Peter-Michel

und

Tausende weitere interessante Titel

erhalten Sie bei:

www.army-book.de

Verlag und Fachbuchhandel

Literatur-Fundgrube für Modellbau,
Militär, Geschichte und Waffen

Speziell ausgesuchte Fachliteratur

Dunantstr. 12
66482 Zweibrücken
Germany
Telefon: 06332-15752
Mobil: 0170-8080166
Email: info@army-book.de

Wolfgang Peter-Michel

empfiehlt:

www.dwjmedien.de

Der Online-Buchshop
von
DWJ – Deutsches Waffen Journal

Die Bücher von Wolfgang Peter-Michel
sind
hier verfügbar

Rudolf-Diesel-Str. 46
74572 Blaufelden

Telefon: 07953-97870
Fax: 07953-9787880
Email: info@dwj-verlag.de

Wolfgang Peter-Michel

Ich bin seit 2005 freier Journalist und Buchautor mit den Schwerpunkten Technik und Militärgeschichte.

Mit meinem Fokus auf Technikthemen schlage ich den Bogen zwischen „trockenen" Naturwissenschaften und „schöngeistiger" Textkunst.

Mein Werdegang
Grundlage meiner beruflichen Ausbildung ist eine Lehre zum Bau- und Möbeltischler, die ich 1991 erfolgreich mit der Gesellenprüfung abschloss.

An der Universität zu Köln studierte ich später Germanistik, Anglistik und Geografie und schloss das Studium mit der Magisterprüfung (MA) ab. Anschließend absolvierte ich eine Ausbildung zum Journalisten, u. a. an der Akademie der Bayerischen Presse sowie der Berliner Journalistenschule.